Elternzeit in Spanien

D1678291

interconnections

Elternzeit in Spanien

Mit dem Baby unterwegs

Christoph Jost

interconnections

Zum Autor:
Christoph Jost, Jahrgang 1975, im Rheinland aufgewachsen und seit dem Studium der Regionalwissenschaften Lateinamerikas reisefiebergeplagt. Ausgedehnte Reisen nach Mexiko, Zentralamerika, in die Andenländer und nach Südostasien. Eine Hospitation beim ZDF in Rio de Janeiro verbindet er mit einer Reise rund um die Welt. Nach dem Studium arbeitet er für die deutsche Entwicklungszusammenarbeit in Mosambik, Laos und anderen Ländern. Seit fünf Jahren engagiert er sich beruflich für internationale Bildungs- und Austauschprojekte. Christoph ist verheiratet, hat eine Tochter und lebt im Süden von Köln.

Ähnliche Titel bei interconnections-verlag.de
Auch erhältlich über den Buchhandel

Impressum
Reihe ReiseTops Bd 28
Elternzeit in Spanien
Mit dem Baby unterwegs
Christoph Jost

Fotos: Umschlag Fotolia, Innenteil u. Rückumschlag v. Autor

Copyright
Verlag interconnections, Schillerstr. 44
79102 Freiburg, T. 0761-700 650, F. 700 688
info@interconnections.de, www.interconnections-verlag.de
www.reisetops.com

2015
ISBN 978-3-86040-236-8

SPANIEN 6

VORWORT...6

TENERIFFA UND LA GOMERA 12
   Reiseplanung und Vorbereitung...............................12
   Los Gigantes und die Westküste..............................14
   Valle Gran Rey und der Nebelwald 22
   El Medano und der rote Berg 40

MIETWAGEN-TOUR ANDALUSIEN.............................46
   Reiseplanung und Vorbereitung...............................46
   Malaga und Pablo Picasso.......................................51
   Cabo de Gata und die Wüste 55
   Granada und die Alhambra.......................................65
   Olvera und die weißen Dörfer 70
   Conil de la Frontera und Costa de la Luz................74

STÄDTEURLAUB IN BARCELONA 84

NACHWORT ODER WAS AM ENDE BLEIBT................ 110

SERVICE-TEIL..113

WISSENSWERT.. 114
   Nix wie los! – Reisen mit Baby............................. 114
   Zeitmillionär – Elternzeit & Elterngeld 118
   Abgehoben – Flugreisen mit Baby 125
   Abgefahren – Mit dem Auto unterwegs................ 130
   Baby Boarding – Unterkünfte mit Baby 135
   Vorbereitungen und Packliste............................... 147
   Das liebe Geld – Reisekosten................................ 150

SPANIEN

Vorwort

Reisen in der Elternzeit

„Freizeit?? – die bekommst du in 15 Jahren wieder!",
sagt meine frühere WG-Mitbewohnerin und Freundin
Astrid zu mir, als ich sie mit meinen neuen Lebensum-
ständen konfrontiere. Warum mich davor keiner gewarnt
hat, frage ich mich. Vor Schwangerschaft und Geburt reden befreundete Elternpärchen und die Familie auf Dich
ein, wie sehr dein Leben durch den Nachwuchs bereichert
wird und wie schön das doch alles ist. Und das ist auch
wirklich so! Aber keiner erzählt dir, dass zwischen Arbeit
und Kind nur ein Türspalt Zweisamkeit und Freizeit
passt. Das sollte man den freizeit- und freiheitsverwöhn-
ten Individualisten von heute doch wirklich deutlicher
sagen. Und zwar bevor man ernsthaft an die eigene Re-
produktion geht. Jetzt ist es zu spät. Oder vielleicht doch
nicht?
Dankenswerterweise hat Vater Staat vor einigen Jahren
neben der Elternzeit auch das Elterngeld eingeführt. Nach
gut zehn Jahren abhängiger Beschäftigung und maximal
drei Wochen Urlaub am Stück frohlockt ein extrem reiz-
voller Gedanke: mehrere Monate den Mühlen der Arbeit
und des Alltags entkommen und viel Zeit mit meiner Frau
Anne und Tochter Leona verbringen. Und unseren ausge-
prägten Freiheits- und Reisedrangs ausleben. Daher gehe
ich nach Leonas Geburt zunächst sechs Monate arbeiten,
während Anne Elternzeit nimmt. Danach nehme ich acht

Monate Elternzeit, Anne setzt mit Ihrem Job jedoch erst später wieder ein, sodass wir einige Monate zu dritt haben. Diese nutzen wir für verschiedene Reisen, um als Familie zusammenzuwachsen und uns eine intensive Zeit im Ausland zu gönnen. Wobei man den Alltag bei Reisen mit Baby natürlich nur ein Stück weit exportiert, aber dazu mehr an gegebener Stelle im Buch.

Als unsere Tochter Leona ihren halbjährigen Geburtstag feiert, sage ich meiner Chefin für eine Weile auf Wiedersehen. Am gleichen Tag poste ich auf Facebook „Zeitmillionär! – Elternzeit beginnt". Ich bin in sozialen Netzwerken kaum aktiv, erhalte dennoch rund 100 Rückmeldungen („likes") und unzählige positive Kommentare. Beleg dafür, dass wir nicht alleine sind mit dem Wunsch nach intensiver Familienzeit.

So viel frei verfügbare Zeit hatte ich zuletzt im Studium. In den nächsten Tagen wird mir jedoch schnell klar, dass Elternzeit nur wenig mit Semesterferien zu tun hat. Ich habe jetzt eine neue Chefin: jung, hübsch und hinreißend! Manchmal aber auch extrem launig, durchaus fordernd und anspruchsvoll – 24 Stunden am Tag, sieben Tage die Woche versteht sich. Ein Dauerabonnement ohne Widerrufsrecht. Zudem ist meine neue Vorgesetzte nicht immer rationalen Argumenten zugänglich. Also mache ich mich gern mal zum Clown, was mal mit Lächeln, aber manchmal eben auch mit Gebrüll quittiert wird.

Ein baldiger Tapetenwechsel soll unsere kleine Familie auf neue Gedanken bringen. Unser Fernweh ist nach der Geburt von Leona eine Weile ins Exil verschwunden. Kurz darauf meldet es sich jedoch zurück und nährt unseren Reisedurst, zumal unsere letzte Reise bereits eine Weile zurückliegt. Etwas weiter geflogen waren wir noch mal im fünften Monat von Annes Schwangerschaft. Für uns eine gefühlte Ewigkeit. Da kommt die Elternzeit gerade recht, eine oder mehrere ausgedehnte Reisen mit dem Nachwuchs zu unternehmen. Wir beginnen früh mit ersten Überlegungen und Reiseplanungen. Eins meiner größten Hobbys, neben dem Reisen und Kennenlernen neuer Kulturen selbst natürlich. Überhaupt scheinen immer mehr Väter und Mütter ihre Elternzeit für gemeinsame Reisen zu nutzen. Unzählige Gespräche mit Freunden und Kollegen laufen so oder ähnlich ab: „Wir werden demnächst beide gemeinsam ein paar Monate Elternzeit nehmen" – „Und wo soll die Reise hingehen?", oder „Habt Ihre Eure Tickets schon gebucht?"

Vor der konkreten Planung, mit Baby zu verreisen, steht der definitive Entschluss, es auch wirklich zu tun. Ist so simpel, wie es klingt, aber nicht immer leicht. Wie schon bei Reisen ohne Baby, z.B. Abenteuertrips, Rucksackreisen oder Expeditionen in ferne Länder, ist die Entscheidung oft der schwerste Teil der gesamten Veranstaltung. Das liegt auch daran, dass das Umfeld junger Eltern oft zweigeteilt ist. Einerseits die Befürworter, gute Freunde und Bekannte, die bereits ähnliche Reiseerfahrungen gemacht haben oder sich auch wünschen. Auf der anderen Seite die Opponenten, die sich um Gesundheit bzw. Wohlbefinden des Kindes und den Karriereknick bei den Eltern sorgen. Oder vielleicht auch einfach neidisch sind. Es werden teilweise abstruse Argumente ins Feld geführt: Kinder sollen frühestens mit sechs Jahren ins Flugzeug steigen, die Ohren halten den Druck nicht aus, die Sonne ist nicht gut fürs Kind, Babys brauchen immer einen festen Rhythmus und ein stabiles Umfeld und so weiter. Als wir Freunden von unseren Reiseplänen und Argumenten der Zweifler berichten, bringt es einer auf den Punkt: „Es ist total egal, wo Eure Prinzessin in die Windel macht! Es ist doch toll, dass Mama und Papa rund um die Uhr bei ihr sind." Full Stop!

Das heißt jetzt natürlich nicht, dass man mit Baby auf Safari gehen oder wochenlange Wanderungen durch die Wüste machen sollte. Zumal man sich damit selbst keinen Gefallen tun würde. Die Wahrheit scheint vielmehr: gegen eine ausgedehnte Reise mit Flugzeug, Wohnmobil oder auch Auto oder Schiff spricht gar nichts. Gewisse Planungen im Voraus sind hilfreich und erleichtern den Reisealltag deutlich. Die Bedenkenträger haben wir in unsere Reiseplanungen immer erst dann eingeweiht, wenn diese bereits konkrete Formen angenommen hatten, d.h. die Buchung von Flügen, Fahrzeugen oder Unterkünften bereits erfolgt war.

Was unterscheidet nun eine Individualreise mit Baby von einer Rucksackreise alleine, als Paar oder mit Freunden? Ich reise seit nunmehr 20 Jahren privat und beruflich um die Welt und habe die entlegensten Winkel unserer Zivilisation besucht. Die größte Zäsur in meinem Reisehabitus war und ist jedoch die Geburt unserer Tochter: Ausschlafen – Storno! Abhängen am Pool und stundenlanges Faulenzen am Meer – Fehlanzeige! Mit leichtem Gepäck ziellos durch die Gegend und sich treiben lassen – nur bedingt! Spontan die Sachen packen und irgendwohin weiterziehen – anstrengend! (außer beim Wohnmobil vielleicht). Die Nacht zum Tag machen – ja, jedoch wird die Tanzfläche vom lässigen Club ins Schlafzimmer verlegt. Und statt hipper Musik gibt es Geschrei auf die Ohren!

Den Takt gibt die neue Chefin vor. Stillzeiten, Flasche geben, Babynahrung zubereiten und verabreichen sowie Schlafenszeiten geben einen gewissen Rhythmus vor, den man nicht sklavisch einhalten muss, deren Beachtung jedoch zumeist lohnt. Dazu kommt natürlich, dass die junge Dame unterhalten werden möchte. Klingt im Vergleich zu kinderlosen Reisen anstrengend und aufwendig. Und das ist es zeitweise auch! Warum also der ganze Aufwand und die vielen Reisekosten, wenn man die Strapazen zuhause viel einfacher managen könnte? Aus dem gleichen Grund, weshalb wir früher schon um den Globus getingelt sind. Es ist magisch, die große, weite Welt zu entdecken, mit anderen Ländern, Kulturen und Menschen in Kontakt zu kommen, seinen persönlichen Horizont zu erweitern und dem Alltag daheim eine bestimmte oder unbestimmte Zeit zu entfliehen. Hinzu kommt, dass fast alle Babys neugierig, abenteuerlustig und kontaktfreudig sind. Wer einmal die funkelnden Augen unserer Tochter gesehen hat, als sie zum ersten Mal das Meer erblickte und mit dem Sandstrand Bekanntschaft machte, wird dies sicher besser verstehen. Oder ihr Lächeln gesehen hat, als sie auf Spanisch von den kinderverrückten Canarios angesprochen, gezwickt und auf den Arm genommen wurde. Wir mussten Leona auf unseren Reisen sogar mehrfach vor „Entführungsversuchen" bewahren. Leonas Reisefreude hat uns sehr glücklich gemacht und folglich waren wir unterwegs häufig sehr entspannt. Oder war es so, dass unsere Tochter so viel Lebensfreude entwickelte, weil wir auf Reisen meist entspannt sind? Ehrlich gesagt, war uns die Antwort auf die Frage nach der Henne und dem Ei selten so egal.

Reisen mit Baby ist exklusive Zeit für die junge Familie. Kein Job, kein Alltags-, Familien- und Freizeitstress. Und bestenfalls die vollständige Abkapselung von der immer mehr um sich greifenden virtuellen Welt. Kurz um: Elternzeit auf Reisen ist „freie" Zeit, eine intensive Erfahrung. Daher haben wir mit unserer Tochter Leona mehrere Reisen durch die spanischsprachige Welt unternommen, über die Vater und Tochter (letztere zugegebenermaßen mit Hilfe von Papa) in diesem Buch berichten. Da wir uns im Vorfeld häufiger gefragt haben, wie das Reisen mit Baby am besten zu bewerkstelligen sei, sind sachliche Information in einem Service-Teil zu Ende des Buches systematisch zusammengestellt.

Wir haben es stets als Erfüllung empfunden, gemeinsam mit unserer Tochter Leona die Welt zu erforschen und mit ihren Augen zu entdecken. Wir möchten andere Eltern mit unseren Berichten gleichermaßen informieren und unterhalten sowie zum Reisen mit Baby ermutigen. Unsere Elternzeit auf Reisen wird uns sicher immer in guter Erinnerung bleiben. Auch oder gerade weil wir mit unserer Tochter so viele schöne Stunden, Tage, Nächte, Wochen und Monate verbracht haben, die uns auch heute noch sehr glücklich machen.

<hr />

Reise ins Herz Spaniens

Festungsmauern und Klöster in Avila, pulsierendes Leben trotz Gluthitze in Madrid, die Kargheit der Landschaft der Estremadura bei Cáceres oder römische Aura in Mérida – hier offenbart sich dem Reisenden das "alte, immer junge Herz Spaniens".

Dazu unglaublich offene und liebenswerte Mensch.

Ein sehr guter Reisebegleiter.

ISBN 978-3-86040-194-1, € 15,90

www.interconnections-verlag.de

Teneriffa und La Gomera

Reiseplanung und Vorbereitung

Wir stehen vor dem Luxusproblem, das erste Reiseziel für unsere gemeinsame Familienzeit zu finden – als Testlauf für weitere Reisen. Losgehen soll es im Februar für knapp einen Monat, wenn Leona sieben Monate alt ist. Parameter der Zielfindung: Meer und Berge, babyfreundliches Klima, gute Erreichbarkeit, bezahlbar, ärztliche Versorgung und ein Mindestmaß an Infrastruktur. Zudem suchen wir eine Gegend, die nicht vom Massentourismus überrannt wird.

Da wir bereits während der Schwangerschaft im Südwesten Teneriffas gewesen sind, überlegen wir erneut in Richtung Kanaren zu starten. Die Region ist aufgrund ihres Klimas gut für Urlaub mit Baby in den deutschen Wintermonaten geeignet. Da wir passionierte Individualreisende sind, beginnen wir nach und nach unsere Reise zusammenzustellen. Auch wenn dies aufwendiger als ein Pauschalarrangement ist, erhöht diese Art von Planung den Erlebnisfaktor und die Vorfreude. Und günstiger ist es meistens auch. Unsere ursprüngliche Idee besteht in einem Inselhopping über die westlichen Kanaren. Hinflug nach Teneriffa, von dort per Fähre nach La Gomera und dann weiter nach La Palma, von wo aus der Rückflug nach Deutschland gehen würde. Gabelflüge haben immer den Reiz, dass man nicht zum Ausgangspunkt zurück muss und man so von Beginn bis Ende der Reise stets etwas Neues erlebt.

Es folgen ausführliche Recherchen im Internet und in Reiseführern, Rücksprache mit regionskundigen Freunden und Diskussion im engsten „Familienrat", dass heißt zwischen Anne, Leona und mir. Da es nur noch wenige und sehr teure Direktflüge nach La Palma gibt, nehmen wir schlussendlich doch keinen Gabelflug und entscheiden uns für eine Rundtour mit Start- und Zielpunkt Teneriffa, die im Einzelnen wie folgt aussieht:

- Individual gebuchte Direktflüge nach Teneriffa und zurück.
- Anfangs zehn Tage in einem ruhigen Apartment mit großer Terrasse und Meerblick im sonnigen Südwesten von Teneriffa.
- Danach Überfahrt mit der Fähre nach La Gomera und Inselerkundungen von unserer Basis im Valle Gran Rey. Hier bleiben wir zwei Wochen.

Abschließend einige Tage im Surfermekka El Medano auf Teneriffa, das in unmittelbarer Nähe des Flughafens für die Rückreise liegt.

Wir nehmen die ersten zehn Tage einen Mietwagen, um zügig nach dem Flug ans Ziel zu kommen und in Teneriffa mobil zu sein. Auf der weiteren Reise verlassen wir uns auf lokalen Transport bzw. nehmen nur noch bei Bedarf tageweise ein Auto.

Jetzt geht's los!

Leona erzählt

„Was weckst du mich so früh am Morgen, Mama? Und warum flitzt Papa so hektisch durch die Wohnung als ginge es gleich in den Kreissaal? Schon mal was von Baby-Biorhythmus gehört?" Es ist 5.45 Uhr als das Spektakel losgeht. Ich bin so müde, dass ich das Anziehen ohne Murren über mich ergehen lasse. Papa stopft meinen Schlafsack in einen Koffer, in den ich drei Mal reinpassen würde. Dann trägt mich Mama raus in die dunkle Nacht. Papa schleppt die Koffer, mein Kinderwagengestell und den Maxi-Cosi. Ein fremder Mann mit verrauchter Stimme taucht auf. Er klaut unser Gepäck und packt alles in sein Auto. Zum Glück schaffen wir es gerade noch, mit ihm in den Wagen zu steigen. Papa und Mama scheint das alles nicht weiter aufzuregen. Kurze Zeit später sehe ich ganz viele Lichter und riesige Vögel auf- und absteigen. Der Fremde hält an und Papa gibt dem Kofferdieb Geld. Dafür bekommen wir unsere Koffer und die anderen Sachen zurück. Ich verstehe!

Am Hafen der großen Vögel ist viel los. Ich lehne mich zurück und relaxe ein wenig. Mama und Papa unterhalten sich mit einer Frau im Kostüm. Und lassen sich schon wieder das Gepäck wegnehmen! Dieses Mal bekommen wir dafür drei weiße Pappkarten. Ein schlechter Tausch, denke ich mir. Doch Papa wedelt ganz aufgeregt mit den Pappschnipseln und zeigt mir die „Leona-Karte". Nun gut, wenn es ihn glücklich macht! Bei all dem Trubel mache ich erst mal die Augen zu. Es ist ja schließlich noch sehr früh. Und auf die Koffer kann ich jetzt auch nicht mehr aufpassen. Ich wache auf, als ich wieder Hunger bekomme. Wir sitzen mit anderen Leuten im Bauch eines der großen Vögel, der mit lauten Geräuschen losrollt und in den Himmel zu den anderen Vögeln fliegt. Dann endlich gibt's wieder ein Milchgetränk von Mama.

Los Gigantes und die Westküste

Der Flug und die weitere Anreise verlaufen überraschend gut und unkompliziert. Es erweist sich als hilfreich, dass wir früh morgens fliegen und einen direkten Flug ohne Umstieg wählen. Da der Flieger nicht ausgebucht ist, erhalten wir eine gesamte Sitzreihe im Flugzeug. So hat Leona trotz Babyticket, welches ihr eigentlich nur Beförderungsanspruch auf dem Schoß der Eltern gibt, einen eigenen Platz. Luxus pur! Leona schläft und spielt im Flugzeug als wäre sie die Reinkarnation einer Chefpilotin. Dies nimmt natürlich die Anspannung des ersten Flugs mit Baby und lässt uns Ruhe und Gelassenheit ausstrahlen. Nervosität und Sorgen der Eltern können sich leicht auf das Baby übertragen, wie uns von vielen Seiten vorher berichtet wird. Die Praxis zeigt, dass auch der umgekehrte Fall eintreten kann.

Wir holen am Flughafen in Teneriffa Süd unseren Mietwagen ab und verstauen unser Gepäck. Die Fahrt zu unserem ersten Zielort verläuft reibungslos. Wir legen nur einen kurzen Stopp ein, damit Madame und unser Gefährt auftanken können. Und ich einen spanischen Kaffee (Cortado) gegen die aufkommende Müdigkeit trinken kann. Anne führt sich neue Energien bei einem Bäcker im Ortsteil Playa San Juan zu. Probleme sehen anders aus. Um 14 Uhr Ortszeit kommen wir in Los Gigantes an – vom Aufstehen in Köln bis zur endgültigen Ankunft in unserem Apartment dann doch geschlagene neun Stunden.

Unser über ein privates Buchungsportal gebuchtes Apartment liegt ganz oben im fünften Stock einer überschaubaren Anlage. Wenn man oben aus dem Aufzug steigt, blickt man direkt aufs Meer und die Steilfelsen des Ortes Los Gigantes. Unser Apartment verfügt neben einem Wohnzimmer mit offener Küche über ein separates Schlafzimmer sowie – als absolutes Highlight – eine riesige Dachterrasse mit Meerblick. Wir packen ein paar Sachen aus, während Leona mit ihrem Spielzeug im Babybett spielt, welches wir wie vorbestellt zusammen mit einem Babystuhl erhalten. Am späten Nachmittag sitzen wir bei strahlend blauem Himmel draußen auf der Dachterrasse und genießen den langsam einsetzenden Sonnenuntergang. Vor uns rauscht das Meer, vereinzelt ziehen Segelboote vorbei. In nicht allzu weiter Ferne ist die Silhouette der Insel La Gomera zu erkennen. Leona schläft. Ein Zeitfenster von gut 30 Minuten gibt Anne und mir Gelegenheit, das beruhigende Naturschauspiel zu genießen und den Möwen beim Kreisen über den Atlantik zuzuschauen. Das großartige Klima und der unverbaute Meerblick lassen uns die Strapazen der Anreise vergessen und füllen unsere Akkus.

Die ersten Tage unserer Reise ziehen gemächlich an uns vorüber. Wir lassen es bewusst langsam angehen, da wir Leona an die Umstellung gewöhnen wollen. Wir erkunden Los Gigantes und machen zunächst kleinere Ausflüge zu Fuß. Leona sitzt am liebsten im Maxi-Cosi, den wir mit einem Adapter auf dem Gestell unseres Kinderwagens befestigt haben. In Anlehnung an Papst Johannes Paul II. haben wir das Gefährt „Leona-Mobil" getauft. Eine rollende Sänfte, in der sich die Prinzessin durch die Gegend kutschieren lässt. Das Leona-Mobil erlaubt ihr entspannt das Treiben um sich herum zu beobachten. Gerne schenkt sie den stets freundlichen Canarios ein Lächeln. Oder macht ein Schönheitsschläfchen. Natürlich gibt es hier auch da auch mal Beschwerden am Hofe, zum Beispiel wenn Madame nicht in den Schlaf findet oder der Hunger ruft.

Wir halten uns in den ersten Tagen viel auf unserer Terrasse auf, die als zweites Wohnzimmer fungiert. Wir stellen das Babybett mit Leona und Spielzeug auf die Terrasse, die fast ganztags sowohl Schatten als auch Sonne bietet. Unsere Tochter liebt es anscheinend, an der frischen Luft zu sein. Spielen, Essen, Schlafen und Windeln wechseln werden zur Outdoor-Aktivität. Wenn Leona tagsüber schläft, lesen und dösen wir in der Sonne. Ansonsten organisieren wir uns so, dass sich einer um Leona kümmert, während der jeweils andere den Haushalt schmeißt und die Grundversorgung sicherstellt. Dies beinhaltet natürlich auch das Einkaufen und die Zubereitung von Essen für Groß und Klein.

Einkaufen und spanische „Papas"

Leona erzählt

„Hunger!" Ich gehe mit Papa einkaufen. Wir wollen zusammen mit Mama mein Leibgericht kochen: Brei. Die Leute im Supermarkt reden jedoch alle ganz anders als Mama und Papa. Das kommt mir irgendwie Spanisch vor! Papa weiß genau, dass ich mir heute Kartoffel-Möhrenbrei wünsche. Hat Mama ihm gesagt. „Quisiera un medio kilo de zanahorias por favor", sagt Papa zu der netten Verkäuferin, die mich an den Füßen kitzelt und mir über den Kopf streichelt. Wir bekommen einen Beutel Möhren. Toll! Jetzt zeigt Papa zehn Finger. „Además quisiera diez papas" * Wie bitte?? Ein Papa reicht mir völlig! Was soll ich denn mit zehn von der verrückten Sorte? Die nette Dame scheint meine Gedanken lesen zu können und gibt uns einen Beutel Kartoffeln. Sehr schön, mein Festmahl rückt in greifbare Nähe. Ich lächle die Verkäuferin zum Abschied freundlich an und quieke vor Freude. Ich gehe mit meinem einen Papa zum zentralen Plaza und trinke noch einen Cortado. Zugegebenermaßen schau ich Papa nur dabei zu. Und flirte ein wenig mit dem Kellner. Für mich gibt's zuhause ja gleich Möhren-Kartoffelbrei.

---

* Papas" ist auf den Kanaren der spanische Begriff für Kartoffeln.

An der Westküste, Teneriffa

Leona gibt unserem Reisealltag eine gewisse Struktur: Gegen 7.30 Uhr stehen wir auf und spielen ein wenig, bevor sie einer von uns in den Tragegurt packt und zum Bäcker geht, um Brötchen für das Frühstück zu holen. Um 11 Uhr bekommt die Chefin das erste Mal ihren Brei, den sie inzwischen als Beikost erhält. Nach der Mittagssonne brechen wir zumeist auf, um die Insel zu erkunden. Abendessen für Leona gibt es beim Sonnenuntergang, entweder auf unserer Terrasse oder am Strand – je nach Lust und Laune bei Groß und Klein. Gegen 22 und 23 Uhr fallen wir ins Bett und hoffen auf eine ruhige Nacht.

Los geht's mit dem Mietwagen in die benachbarten Ortschaften des Südwestens der Insel, die streckenweise ihren lokalen Charakter bewahrt haben. In Playa San Juan und im Fischerdorf Alcalá finden wir kleine Buchten und gute lokale Restaurants zu vernünftigen Preisen in unmittelbarer Strandnähe. Die freundlichen Kellner sprechen uns auf Spanisch an und nehmen sich Zeit – klares Anzeichen dafür, dass wir ein Stück weit von den großen Tourismuszentren der Insel entfernt sind, wo die Massen oft nur abgefertigt werden. Wir verbringen den späten Nachmittag in einem Café am Strand und essen Tapas, ich gönne mir ein kühles lokales Bier. Leona schläft zunächst im Kinderwagen und schäkert später mit anderen Babys und Kleinkindern, wenn sie nicht gerade von den Kellnern belagert wird.

Wir passieren auf dem Rückweg den touristisch weniger attraktiven Ort Puerto de Santiago, legen aber dennoch einen Stopp ein, da der Playa de la Arena einer der schönsten Strände der Region ist. Die gepflegte kleine Bucht mit feinem schwarzen Sandstrand ist für uns der optimale Platz beim Sonnenuntergang. Der späte Nachmittag ist für Leona auch die beste Gelegenheit, mit der afrikanischen, tagsüber doch recht aggressiven Sonne, ausgiebiger Bekanntschaft zu machen. Wir packen sie in ihren Maxi-Cosi und füttern sie mit einem Obstgläschen aus dem nahe gelegenen Supermarkt. Leona genießt ganz offensichtlich ihr Sunset-Dinner bei rauschendem Meer und wärmender Sonne.

Wie bereits erwähnt, konzentrieren wir uns bei dieser Reise besonders auf die Südwestseite der Insel, da wir schon ein Jahr zuvor auf Teneriffa waren. Tagesausflüge mit Baby über die Insel zu unternehmen, ist jedoch kein Problem, da alles gut erreichbar und das Straßennetz exzellent ausgebaut ist. Unser Inselfavorit und Pflichtprogramm für jeden, der zum ersten Mal Teneriffa besucht, ist der Besuch der mondartigen Vulkanlandschaft des Teides, des höchsten Berges Spaniens. Weitere Höhepunkte sind Fahrten durch das Anaga- und das Tenogebirge, z.B. nach Masca sowie die einstige Hauptstadt La

Laguna. Bei Ausflügen ins Gebirge sollte man vorher testen, wie gut der Nachwuchs die Serpentinen verkraftet.

Nach zehn Tagen packen wir unsere Koffer, buchen Tickets für die Fähre und bereiten schon abends alles für unsere Überfahrt nach La Gomera vor, da der morgige Tag sehr früh beginnt.

Auf hoher See

Leona erzählt

Eine Seefahrt, die ist lustig, sagt Papa. Leichtmatrose Leona zieht weiter von Teneriffa nach La Gomera. Juchhu! Ich packe mit Mama die Koffer. Papa kauft die Fahrscheine an meinem Lieblingsspielzeug, dem Computer. Schon wieder ist das schöne Geld weg. Dafür bekommen wir wieder Pappkarten, ähnlich wie am Hafen der großen Vögel. Mama und Papa versprechen mir, dass ich am nächsten Tag etwas Spannendes erleben und Neues zu sehen bekommen werde.

Am Morgen wache ich in meinem Maxi-Cosi auf. Mama lacht mich müde an, Papa fährt durch die dunkle Nacht. Kommt mir irgendwie bekannt vor. Dieses Mal geht es jedoch zum Hafen der Wasservögel. Mama sagt, dass diese Vögel nicht fliegen können. Ich bin etwas enttäuscht. Am Hafen angekommen sehe ich unseren Wasservogel. Er heißt Fisch und hat einen riesigen Bauch, in den ganz viele Autos reinfahren. Ich starte also mein Leona-Mobil und reihe mich ein. Da mein Gefährt nicht so groß ist, darf ich mit Mama und Papa hoch auf die Flossen des großen Fisches. Super! Auf einmal macht der Fisch richtig Krach, fängt monoton an zu jammern und setzt sich in Bewegung. Ich glaube er weint, weil er nicht fliegen kann. Er hüpft nur ein wenig und krabbelt immer schneller über das Meer. Papa und mir macht das viel Spaß.

Mama gefällt es nach einiger Zeit nicht mehr so sehr. Deswegen sagt sie dem Fisch wohl irgendwann auch, dass er aufhören soll zu jammern. Papa meint daraufhin: „Land in Sicht!"

Am Hafen der Wasservögel hält Papa ein Auto an und überredet den Fahrer, uns über alle Berge zu fahren. Eine Stunde lang auf- und abkurven finde ich nur am Anfang lustig, dann doch etwas nervig. Mein Magen ist doch noch klein und meine Ohren drücken auch ein wenig. Das Auto fährt bis in den Himmel, wo die Wolken wohnen. Luftvögel kreuzen unsere Wege jedoch leider nicht. Gemein! Ich fange an zu weinen, worauf Mama den Fahrer bittet, bei der nächsten Gelegenheit zu halten. Dann bekomme ich etwas Milch und kann in aller Ruhe nach den Vögeln im Himmel Ausschau halten...

Unten im Tal angekommen zeigt uns eine nette Frau, der ich freundlich zuwinke, unsere neue Unterkunft. Super, dass wir wieder eine Terrasse zum Spielen haben. Und einen Pool, in den Papa sich erst mal hineinstürzt. Und kurz darauf bibbernd wieder heraus kommt. Mama und ich beschließen daraufhin, meine erste Schwimmstunde noch etwas zu verschieben. Wir drehen lieber eine Runde durch den Ort. Ich quieke freundlich den vielen anderen Babys zu, die sich hier am Strand, in Kinderwagen und in Tragetüchern ihrer Eltern tummeln. Es ist noch voller als im Babykurs, den ich mit Mama in Köln besuche.

Früher waren hier nur Hippies, erzählt Papa. Das seien ziemlich entspannte „Vögel", die Musik machen und sich viel in der freien Natur aufhalten. Hmmh?! Verstehe ich noch nicht. Als wir dann abends nochmals an den Strand gehen, sehe ich die Hippies beim Sonnenuntergang trommeln, wobei ich einschlafe. Auch wenn ich diese „Vögel" nicht genau gesehen habe, bin ich mir sicher, dass diese Art auch nicht fliegen kann.

Valle Gran Rey und der Nebelwald

Unterwegs nach La Playa

Wir sitzen auf einer Bank an der felsigen Bucht von La Playa, dem Hauptort im Valle Gran Rey. Leona liegt im Kinderwagen. Sie schläft und lauscht den Wellen und der Brandung des Meeres. Es ist teilweise bewölkt und die Sonne kämpft mit den Wolken um die Vorherrschaft am Himmel. Die Wolkentürme des oberen Tals, in welchem es häufiger regnet als unten an den Stränden, ziehen in atemberaubender Geschwindigkeit in Richtung Atlantik, wo sie sich auflösen und die Sonne gewähren lassen.

Wir genießen den Ausblick auf die steilen, immergrünen Felswände, vor uns sitzen einheimische Jugendliche und unterhalten sich auf Spanisch. Dies ist fast schon eine Seltenheit im Tal des großen Königs, das fest in deutscher Hand ist. Nicht nur die meisten Touristen sind Deutsche, auch viele der kleinen Läden und Unterkünfte gehören Aussteigern unserer Lande, die sich hier niedergelassen haben. Es gibt drei deutsche Bäckereien, einen deutschen Metzger und auch die eine oder andere Speisekarte wartet mit uns wohl bekannten Leckereien auf. Ansonsten ist hier kulinarisch jedoch vieles auf den multikulturellen Gast eingestellt: arabische, malaysische und chinesische Küche, aber auch lokale Fischrestaurants und Pizzarien sowie vegetarische und vegane Tapasbars verwöhnen die Gaumen der Familien, Wanderer und Rucksackreisenden.

Straße ins Valle Gran Rey, La Gomera

Das Valle Gran Rey ist ein Paradies für „Babypacker" – Rucksackreisende, die nun mit ihrem Nachwuchs auf Reisen gehen. Das Valle Gran Rey ist ein sonnenverwöhntes Tal, das versteckt im Südwesten der Insel La Gomera liegt. Entdeckt wurde es seinerzeit von den Hippies und Individualreisenden, die auch heute noch den Charakter des Valles prägen. Die nun aber etwas abseits in der sogenannten Schweinebucht oder im Hafenviertel wohnen. Gegen späten Nachmittag ziehen die bunt gekleideten und musikalisch begabten ihrer Zunft in Richtung La Playa, sammeln sich am Dorfplatz und geben traditionsgemäß zum Sonnenuntergang ein Trommelkonzert am Strand. Viele junge Eltern nutzen dies, um mit ihren Babys und Kleinkindern den Abend beschaulich einzuläuten. Man steht in der Nähe der Strandbar „Casa Maria" und schaukelt bei Bier oder Rotwein seine Kleinen in den Schlaf. Danach begeben sich die meisten Touristen in eins vielen Restaurants. Die Familien gehen nachhause, um die Kinder ins Bett zu bringen. Nachtleben gibt es im Valle Gran Rey nämlich kaum, lediglich eine Handvoll Bars in den Ortsteilen La Playa und Vueltas bieten Ausgehmöglichkeiten, manchmal mit Live-Musik.

Wir wohnen in einer überschaubaren Apartmentanlage mit Wohn- und Schlafzimmer im kleinen Ortsteil La Puntilla, welcher in der Mitte des Valle Gran Reys liegt. Vom Wohnzimmer mit offener Küche geht es direkt auf die Terrasse und zum Poolbereich. Während die älteren Semester lesen, laufen die jungen Eltern ihren durch die Gegend wackelnden Kleinkindern hinterher.

Gegenüber unserer Unterkunft liegt der sogenannte Babybeach, ein kleiner Naturstrand, eine Gumpe, die sich je nach Gezeiten knöcheltief mit Wasser füllt und aufwärmt – ideal für die kleinen Strandliebhaber, die mit ihren Eltern in der Meerwasserwanne planschen oder Sandburgen bauen. In La Puntilla gibt es wie in La Playa abends Musik, nur dass die Trommeln gegen Didgeridoos getauscht werden. Die in den umliegenden Apartmentanlagen wohnenden Eltern sammeln sich auch hier an der Promenade. Viele holen sich im gegenüberliegenden Minimarkt eine Dose Bier oder eine Flasche Wein, um bei der meditativ anmutenden Live-Musik die letzten Sonnenstrahlen des Tages zu genießen. Wir setzen uns abends gerne auf eine der Bänke und füttern Leona mit ihrem Babybrei.

Strand von Vueltas, Valle Gran Rey

Eine gute Alternative zum Babybeach ist der schöne Sandstrand im Hafenviertel Vueltas, der am Fuße spektakulärer Steilfelsen liegt. Hier lässt es sich hervorragend schwimmen, an den Felsen entlang wandern oder eins der vielen bunten Ruderboote mieten. Mehrmals am Tag gibt es Whale-Watching-Touren, bei denen man frei lebende Wale und Delphine im offenen Meer beobachten kann. Mehrere kleine Hafenlokale bieten kühle Getränke und, wie sollte es anders sein, gute lokale Tapas. Auch wenn die Strände im Valle Gran Rey nicht zu den schönsten auf den Kanaren gehören, sind diese der größte Anziehungspunkt für die großen und kleinen Kinder. Und für Babys natürlich auch.

Strandgefühle

Leona erzählt

Ich packe meine Tasche und sitze ungeduldig im Maxi-Cosi meines Leona-Mobils. Heute geht's endlich wieder an den Strand. Mama cremt mich mit so einer weißen klebrigen Paste ein. Was soll der Quatsch? Alle reden hier doch immer vom braun werden. Ich bin jetzt weiß! Nun gut, ab geht's mit meinem Geraffel an den Strand. Was ist das eigentlich, Strand? Die großen Leute sitzen hier im Sand und halten den Kopf in den Himmel. Sonst machen sie zumeist gar nichts. Wie langweilig! Meine kleinen Kollegen sind da schon deutlich besser drauf. Machen ordentlich Krach, rennen und krabbeln durch die Gegend. Das will ich auch! Mama sagt, dass es nicht mehr lange dauert bis ich das ebenfalls kann. Ich nehme einen Schluck Milch. Danach erkunde ich den dunklen Sand, der von den Vulkanen hier stammt. Laut Papa zumindest. Schön warm, aber klebt wie Sau an mir und geht nicht mehr ab. Vor allem da vorher diese blöde weiße Creme auf mich drauf gepinselt wurde. Da muss ich heute Abend wieder in die Wanne. Oder, wenn ich zu sehr schreie, kurz ins Waschbecken. Wenn schon, denn schon, denke ich mir und drehe bauch- und rücklings ein paar Runden im Sand und quieke vor Vergnügen.

Die touristische Entwicklung im Valle Gran Rey ähnelt anderen ehemaligen Aussteigergegenden rund um den Globus wie zum Beispiel Goa in Indien, Koh Phangan in Thailand oder Tulum auf der mexikanischen Halbinsel Yucatan. Den Hippies und Aussteigern folgen die Lebenskünstler und Individualreisende, um die zunächst oft noch umständliche Anreise auf sich zu nehmen.

Nachdem private Investoren und die öffentliche Hand das Potential erkannt haben, wird die Infrastruktur (Unterkünfte, Straßen, Flughäfen, Wasser und Abwasser, medizinische Versorgung) ausgebessert und das Marketing in Angriff genommen. So auch geschehen auf La Gomera und im Valle Gran Rey. Einen internationalen Flughafen scheint die große Inselschwester und Regionalregierung von Teneriffa jedoch nicht fördern zu wollen. Touristen müssen fast ausschließlich über Teneriffa einreisen, womit Geld und Steuereinnahmen entsprechend kanalisiert werden. Täglich legen mehrere Autofähren und große Motorkatamarane in Los Christianos in Teneriffas Süden ab. Alternativ lichten Fähren von den Inseln El Hierro oder La Palma kommend ihre Anker in der sehenswerten Hauptstadt San Sebastian de La Gomera. Von dort geht es weiter mit dem Mietwagen, Reisebus oder dem Guaga, dem lokalen Bus. Die Hauptroute führt über die Höhen des Nebelwaldes, des Alto de Garajonay, steil hinunter in das Tal des großen Königs, wobei sich den Ankommenden auf der kurvenartigen Strecke spektakuläre Aussichten offenbaren.

Das Fehlen eines internationalen Flughafens gewährt La Gomera und dem Tal des großen Königs jedoch auch zum Vorteil. So wird die Insel von partywütigen Sonnenanbetern und luxusverwöhnten Pauschaltouristen verschont, die eigentlich nur ihre Heimat zeitweise in den Süden transportieren wollen. Stattdessen kommen Individualreisende, junge Familien und Naturliebhaber auf die immer grüne Insel. Aber auch Ruhesuchende, Rentner und immer mehr Aktivurlauber, die in den Bergen und im Nebelwald wandern und auf Entdeckungstour gehen. Anreise und Unterkunft organisieren inzwischen auch Reiseveranstalter. Es sollen nun sogar Reisen über deutsche Lebensmitteldiscounter buchbar sein. Die regelmäßig im Tal erscheinende deutsche Zeitschrift „Der Valle Bote" titelte daher kürzlich mit „Vorsicht – Greisverkehr im Valle Gran Rey!".

Wir treffen Marc, einen Freund und Arbeitskollegen aus Deutschland. Auch er ist mit seiner Frau Anke und dem neuen Familienmitglied Julian nach Gomera gereist, um dem deutschen Winter zu entfliehen und seine Elternzeit im „Tal der 1000 Babys" zu verbringen. Marc holt Anne, Leona und mich mit dem Auto ab und wir fahren knapp zehn Minuten die einzige aus dem Tal herausführende Straße aufwärts durch die Schlucht bis wir das kleine Künstlerdorf El Guru erreichen.

In der Nähe von El Guru, Valle Gran Rey

Die kleine Siedlung hat nicht mehr als 50 winzige Häuschen, die an den Hang gebaut und zumeist mit Mosaiken und Malereien verziert sind. Straßen gibt es nicht, nur Wege aus Kopfsteinpflaster und enge Gassen. Wer hier vorwärts kommen möchte, ist also auf gesunde Beine und gutes Schuhwerk angewiesen. Nachdem wir an einem Parkplatz an der Hauptstraße gehalten haben, klettern wir gut 100 Stufen bergauf. Eine schweißtreibende Angelegenheit – zumindest für Anne und besonders für mich, da Leona wie ein nasser Sack auf meiner Schulter hängt. Nach einer gefühlten Ewigkeit kommen wir zu einem Café, welches wenig überraschend von Deutschen betrieben wird. Der Blick hinunter ins Tal entschädigt für die Strapazen und der lokale Kuchen und der Kaffee sind auch nicht schlecht. Kurze Zeit später kommt auch Anke mit dem in der Babytrage schlafenden Julian zu uns. Wie auch zahlreiche andere Eltern, die sich mit ihren Zwergen auf dem Arm oder der Kraxe zu uns in die „Kita El Guru" gesellen. Eine im Ort ansässige Frau erzählt uns, dass El Guru im Jahr 2012 dem großen Feuer auf La Gomera zum Opfer gefallen ist und bis auf die Grundmauern abgebrannt war. Fast die ganze Siedlung musste in der Folge neu aufgebaut werden. Noch heute, gut zwei Jahre später, wird an vielen Ecken gehämmert und gesägt. Inzwischen vermieten die meisten Einwohner wieder kleine, urige Ferienwohnungen, in welchen sich vor allem Wanderer, Esoteriker aber auch Familien zeitweise ihr Domizil einrichten. Auch die Natur trägt dazu bei die frühere Idylle wiederherzustellen. Rund um verbrannte Palmen ist es wieder saftig am Grünen. Wahl-Gomerianer, die sich in El Guru niedergelassen und alles wieder aufgebaut haben, verkaufen Crepes, bieten Massagen, Malkurse und selbstgemachten Schmuck an.

Anne und Anke füttern Leona und Julian als Marc und ich zu unserer Wanderung zum nahegelegenen Wasserfall aufbrechen. Laut Beschreibungen der Wanderführer scheint der Weg durch das grüne Seitental des Valle Gran Rey zu beschwerlich, um mit Baby loszuziehen. Wir schlagen uns durch das Schilf, klettern über größere

Steinformationen und durchwaten ein Flussbett, welches der natürliche Wegweiser zu unserem Ziel, dem Wasserfall, ist. Unsere Annahme, dass dieser Weg nicht babytauglich ist, wird jedoch bald widerlegt, als wir eine Familie mit Kraxe samt Baby treffen. Wir sind dennoch froh, dass wir uns alleine auf den Weg gemacht haben, aktiv betätigen können und ausnahmsweise ein wenig Abwechslung vom Windeln wechseln, Kinderlieder singen und Brei zubereiten haben. Bei Ankunft am Wasserfall machen wir eine kurze Rast und schießen ein paar Beweisphotos bevor es uns zurück zu unseren Familienbanden zieht.

Nach unserem kleinen Männerausflug kehren wir in die nahegelegene Finca von Marc, Anke und Julian ein. Die Mädels versuchen sich seit einer geschlagenen Stunde an der Zubereitung unseres Abendessens, selbstgemachter Pizza. Leona und Julian sind jedoch nur bedingt eine Hilfe, wollen ständig auf den Arm, mit den Zutaten spielen und sich gegenseitig kneifen. Marc und ich ziehen kurzerhand die Nachwuchsköche aus dem Verkehr und begeben uns zum Spielen und Lieder singen in den großzügigen, terrassenförmig angelegten Gartenbereich. Kurze Zeit später genießen wir unsere „Pizza Gomera" mit Bier, Rotwein und alkoholfreien Cocktails – zumindest solange bis Julian lautstark Durst anmeldet und seine Mama in Richtung Babybett abkommandiert. Marc fährt uns zurück in unsere Unterkunft, wo Leona es ihrem kleinen Freund gleichtut. Gnädigerweise schläft sie beim Abendtrinken ein und gibt uns noch knapp zwei Stunden „Freizeit", die wir auf unserer Terrasse verbringen.

BabyYoga

Leona erzählt

Heute Morgen geht es, wie jeden Tag hier im Tal, zum Bäcker Brötchen holen. Auf dem Rückweg machen wir einen kleinen Umweg über das Hafenviertel in Vueltas. Die Sonne kommt hinter dem Felsen hervor und wärmt mich in meinem Leona-Mobil. Mama, Papa und ich beschließen, einen kurzen Stopp am Strand einzulegen. Wir rollen meine Decke aus und ich mache es mir bäuchlings auf Papa bequem. Ich will gerade meine Hände im Sand vergraben, als meine noch nicht wirklich scharfgestellten Babyaugen ein paar durchtrainierte Sonnenanbeter entdecken, die mir völlig unbekannte Verrenkungen machen. Sie dehnen ihre Muskeln, tragen Sportkleidung und Sonnenbrillen und richten ihren Blick in Richtung Sonne. Mama erklärt mir, dass dies Yogaübungen sind.

Pah – was die können, kann Leona schon lange! Ich räkele mich und schaue in die aufgehende Sonne. Dann rolle ich mich nach links, kurze Körperspannung, dann rolle ich mich nach rechts. Mama setzt mich im Lotussitz auf ihren Schoß und Papa singt das Kinderlied „Wie das Fähnchen auf dem Turme, sich kann drehen bei Wind und Sturme". Ich wedele, fuchtele und winke mit meinen Händen, wenn auch etwas unkoordiniert, so doch durchaus graziös und vollzieh den Sonnengruß. Im Anschluss entspanne ich Gesichts- und Mundraum, atme tief ein und aus und beginne mit meinen Nackenübungen. Ich bewege meinen Kopf hin- und her und vollziehe elegante Drehungen von links nach rechts und von vorne nach hinten. Körper, Geist und Seele von Leona sind jetzt ganz eins.

Noch halb in Trance werfe ich einen kurzen Blick zu den älteren Yoga-Schülern. Mir scheint, als würden sie meine Übungen genau beobachten und mich kopieren wollen. Die müssen aber noch gelenkiger werden, wenn die an mich herankommen wollen, denke ich mir, lege meinen Kopf auf Mamas Schulter und schlafe langsam ein. Morgen früh komme ich wieder. Und dann machen wir ein paar Übungen für Fortgeschrittene.

Unterwegs im Wickeltuch

Nachdem wir das Valle Gran Rey und seine in der unmittelbaren Nähe liegenden Ortsteile erkundet und uns einige Tage am Strand akklimatisiert haben, beschließen wir eine kleine Inselrundfahrt zu machen. Wir mieten spontan einen Mietwagen und erhalten das letzte verfügbare Fahrzeug, einen Nissan Micra, der seine besten Jahre definitiv hinter sich hat. Der Wagen schlägt sich jedoch ganz gut bei seinem Aufstieg durch die Serpentinen und auch Leona gefällt es zunächst, auch wenn das von uns erhoffte Schläfchen nur sehr kurz ausfällt. Wir steuern den wilden Norden der Insel an, um das buchstäblich „wunderschöne Tal" Vallehermoso zu erkunden. Das gut ausgebaute Straßennetz schlängelt sich bei pfeifendem Wind durch die grüne Bergwelt der Insel, atemberaubende Ausblicke tun sich immer wieder auf, wenn nicht gerade aufgrund einer Wolkendecke begrenzte Sicht herrscht. Leona murrt und knöttert zunehmend, vielleicht weil sie zu wenig geschlafen hat. Vielleicht aber auch, weil ihr das regelrechte Rumkurven durch die Höhen der Insel auf den Geist oder auf die kleinen Ohren geht. Anne setzt sich kurzerhand auf die Rückbank und gibt alles, um Madame die Fahrt so angenehmen wie möglich zu machen und sie abzulenken.

Nach gut einer Stunde erreichen wir Vallehermoso. Wolkentürme und Wind lassen das in den Reiseführern hochgelobte Wunderschöne des Tals mehr erahnen als erkennen. Die Stippvisite zum nahegelegenen Strand endet jäh, da es bei Wind und Nieselregen höchst ungemütlich ist und das einzige Café dort geschlossen hat.

Wir fahren zurück in die Ortsmitte und gönnen uns eine Stärkung in einem der vielen kleinen Lokale am zentralen Platz, dem Plaza de la Constitución. Aus dem Kessel des Tals haben wir einen tollen Ausblick auf die umliegenden Berge, gewaltige Steinformationen und den Vulkanschlot Roque Cano. Die nähere Umgebung mit ihren Bananenplantagen, kleinen Weinbergen und Kartoffeläckern lädt zu schönen Wanderungen ein. Leider scheint Vallehermoso im Winter unter dem eher rauen Klima des Nordteils der Insel zu leiden. Im Sommer soll es hier deutlich wärmer und angenehmer sein, versichern uns Einheimische, die verständlicherweise mehr von den Tourismuseinnahmen des Südens der Insel profitieren möchten. Wie dem auch sei, Leona ist für den Moment augenscheinlich froh, nicht in den Maxi-Cosi gezwängt zu sein. Und macht ihre ersten Erfahrungen auf einem Schaukelpferd aus Holz. Kurz darauf gehen wir zurück

zum Wagen, wo uns das Windelwechseln auf der Rückbank vor logistische Herausforderungen stellt.

Unser kleiner Roadtrip führt uns als nächstes in das Herz
der Insel, in den Nationalpark und den riesigen Regen-
wald des Alto de Garajonay. Als wir an einem der vielen
Rastplätze und Startpunkte des Parks am Straßenrand
aussteigen, wird deutlich, dass auf der Insel wahrlich
Mikroklima herrscht. Während im Süden der Insel und
im Valle Gran Rey fast immer die Sonne scheint, ist die
nur knapp 45 Minuten entfernte Inselmitte samt Regen-
wald deutlich kühler.

Nebelwald Alto de Garajonay, La Gomera

Wir packen Leona in den Tragegurt, wickeln eine Decke um sie und beginnen eine kleine Wanderung durch
die feuchten Höhen des Nebelwaldes. Wir sind ob der
exotischen Vielfalt und des Naturschauspiels, welches
wir nur ein paar Stunden von zuhause so nicht erwartet
haben, begeistert. Leonas ist nach einer halben Stunde

Wanderung jedoch bereits leicht unterkühlt, sodass wir vorsichtshalber unsere erste Regenwaldtour abbrechen. Mit so niedrigen Temperaturen und hoher Feuchtigkeit haben wir nicht gerechnet. Wir nehmen uns vor, den nächsten Besuch des Regenwaldes besser ausgerüstet anzutreten. Neben gutem Schuhwerk bräuchten wir dafür jedoch am besten regenabweisende Jacken und möglichst Handschuhe, die wir jedoch im entfernten Köln gelassen haben. Eine knappe Stunde später sind wir wieder im heimatlichen Tal, schmeißen unsere Pullis in die Ecke und begeben uns in Badeklamotten an den Strand.

Am Abend lernen wir am Pool unsere Apartmentnachbarn aus Berlin kennen. Sven, seine Frau und ihre zweijährige Tochter Greta kommen aus Berlin und reisen insgesamt einen Monat über die kanarischen Inseln. Da wir den Mietwagen noch bis zum Mittag des nächsten Tages gebucht haben, fahre ich am nächsten Morgen spontan mit Sven nochmals in Richtung Alto de Garajonay. Wanderschuhe habe ich immer noch keine, kleide mich dieses Mal aber wetterfester ein. Wir knattern mit unserem nur bedingt querfeldeintauglichen Fahrzeug los und schlängeln uns gemütlich zum Parkplatz des Besucherzentrums in La Laguna Grande. Wir starten zu einem kleinen Rundweg und durchwandern die Naturwege des feuchten Nebelwaldes, bewachsen von hohen Sträuchern, Heidekraut und exotischen Pflanzen. Der Boden und die Baumstämme sind üppig von Moos bedeckt. Der grüne Nebelwald scheint wahrlich lebendig und atmet uns seine hohe Luftfeuchte in die Gesichter. Wir gelangen zu einem Aussichtspunkt, von welchem wir einen herrlichen Blick auf einen Berghügel aus Vulkangestein haben. Den kühlen Temperaturen begegnen wir durch einen zügigen Schritt, der uns nach einer Weile ins Schwitzen bringt und uns die Joggingtour am Nachmittag erspart. Nach zwei Stunden kehren wir zum Auto zurück, cruisen in Richtung Tal und waschen uns den Schweiß kurzerhand im Meer ab.

Kurz vor unserer Abreise beginnt der Karneval auf La Gomera. Die Kanaren sind für ihr närrisches Treiben und ihre farbenfrohen Umzüge bekannt. In der Hauptstadt Teneriffas dauert der Karneval sogar mehr als zwei Wochen. Die Paraden sollen nach denen von Rio de Janeiro die größten, ausgiebigsten und buntesten sein. In der Hauptstadt San Sebastián de la Gomera gibt es wie auf anderen Kanareninseln den sogenannten „weißen Karneval". Am „Dia de los Polvos de Talco" kleiden sich Einheimische und Besucher von Kopf bis Fuß in weiß, beschmeißen und besprühen sich mit weißem Gesichtspulver und ziehen bis zum nächsten Morgen mit Musikkapellen durch die Straßen. Im Valle Gran Rey wird ebenfalls einige Tage gefeiert, wobei das närrische Treiben etwas überschaubarer als in der Inselhauptstadt ist. Hunderte von Einwohnern laufen in originellen und farbenfrohen Kostümen durch das Dorf und tanzen bis tief in die Nacht Samba, Merengue und Salsa – ganz im Stil des südamerikanischen Vorbilds.

Der Karneval im Valle Gran Rey beginnt traditionsgemäß mit einem Kinderumzug im Hafenviertel von Vueltas. Wir ziehen Leona ein buntes Kleidchen an und wickeln eine kleine Krone aus Stoff, die wir ihrer Handpuppe entliehen haben, um ihren Oberarm. Zusätzlich wickeln wir ein lilafarbenes, durchsichtiges Chiffontuch um ihren Sonnenhut. Leona sieht aus wie eine gute Fee. Mit etwas Phantasie passt ihr Improvisationskostüm sogar zum diesjährigen Motto des Karnevals: die Welt des Horrors! Dieser schließen sich auch unsere Apartmentnachbarn aus Berlin an.

Der Beginn des Umzugs lässt ganz in südländischer Manier auf sich warten. Nach und nach trudeln immer mehr einheimische Kinder auf dem kleinen Platz am Hafen ein, an welchem viele bunte Fischerboote und Surfbretter stehen. Leona bewundert ihre große Freundin Greta, die bereits laufen kann und strahlt vor Freude in der Abendsonne. Spätestens nach dem zweiten Bier haben die jungen Väter ebenfalls ein breites Grinsen im Gesicht und schunkeln mit ihren Frauen und Töchtern zu den Karnevalsrhythmen, die aus riesigen Boxen tönen. Als sich der Umzug durch das Hafenviertel mit zwei Stunden Verspätung endlich in Bewegung setzt, sind unsere Kinder bereits eingeschlafen. Wir reihen uns kurzerhand ein, schieben Leona und Greta jedoch bald in eine Pizzeria in Strandnähe, wo wir den Abend ausklingen lassen. Als wir wieder in unserem Apartment sind, freuen wir uns, zumindest ein wenig Karneval gefeiert zu haben – zumal dies in Köln bei klirrender Kälte mit Baby und stillender Mutter sicher nicht viel besser geworden wäre.

San Sebastian de la Gomera

Als unsere Zeit im Valle Gran Rey zu Ende geht, fällt unsere Bilanz durchgehend positiv aus. Leona hat sich prächtig amüsiert und gut weiter entwickelt. Der Babystrand vor der Türe und die einfache, aber schöne Apartmentanlage mit Pool, sowie das fast immer gute Wetter haben es uns sehr leicht gemacht. Hervorzuheben ist besonders die entspannte Atmosphäre, die sich auf Reisende und lokale Dienstleister im Tal überträgt. Obgleich wir uns auf den touristisch erschlossenen Kanaren befinden, sind wir doch Meilen von den Partyhochburgen der anderen Inseln entfernt. Das Leben hier läuft gemächlich und gemütlich. Uns gefällt auch sehr gut, dass es mehrere Ortschaften im Tal gibt, die entweder unten an den Stränden oder höher am Hang liegen, wie zum Beispiel auch das pittoreske Treppendorf La Calera.

Auch wenn das Valle Gran Rey unumstritten der touristische Nukleus und familiengeeignetste Ort der Insel ist, lohnen neben dem Nebelwald und Vallehermoso auch andere Ziele einen Besuch. Allen voran die schöne Inselhauptstadt San Sebastian de la Gomera, die unter Insidern kulinarisch als erste Adresse auf den Kanaren gilt. Hermigua steckt touristisch noch in den Kinderschuhen und hat angeblich das gesündeste Klima der Kanaren und dient Ruhesuchenden als Basis für Wanderungen und Tagesausflüge. Zahlreiche Eltern packen ihre Kinder in den Tragegurt oder eine auf dem Rücken befestigte Kraxe und erkunden die gut ausgeschilderten Wanderwege in der Mitte der Insel. Insgesamt erinnert uns La Gomera mit seinen jahrhundertealten, landwirtschaftlich sorgfältig angelegten Terrassen an Südostasien. So fühlen wir uns oft wie in Bali oder auf den Philippinen ohne jedoch zwölf Stunden geflogen zu sein. Die Abgeschiedenheit des Valle Gran Reys mag zu dem Gefühl, ganz weit weg von zuhause zu sein, natürlich auch ihren Teil beitragen.

Nach zwei Wochen auf La Gomera packen wir unsere Sachen. Ein Taxi bringt uns über die Berge zum Hafen nach San Sebastian, wo wir wieder die Fähre nach Teneriffa nehmen. Diese Überfahrt wird jedoch etwas weniger entspannt als geplant.

Ein Zahn, ein Zahn!

Leona erzählt

Eigentlich weine ich nur aus drei Gründen: Hunger, Müdigkeit oder „Puh" in der Windel. Seit drei Tagen pocht und drückt es jedoch in meinem Mund. Kleine Männchen hämmern immer wieder in meinem Gaumen. Auaaaah!! Damit Mama und Papa das auch ganz genau wissen, sag ich mal richtig Bescheid, wenn die Männchen Schichtdienst schieben. Dass die Jungs ausgerechnet auf der Fähre von La Gomera nach Teneriffa in einer Hundertschaft anrücken, konnte vorher ja niemand ahnen. Ich brüll erst Mal ordentlich die gesammelte Mannschaft zusammen. Mama macht auch Krach und singt ununterbrochen das gleiche Kinderlied. Vielleicht sind die Männchen ja auch in ihrem Gaumen aktiv?! Nach gut 30 Minuten schlafe ich dann doch ein.

Am nächsten Morgen sind die Männchen weg und ein weißer, glitzernder Fremdkörper ist in meinen Gaumen eingezogen. Papa meint süffisant, dass dies die erste Taste meines „Klaviers" sei. Die Männchen würden noch öfter wiederkommen und weitere Klaviertasten einbauen. Au Backe! Am Ende würde ich dann ein komplettes Milchklavier im Mund haben und könnte „Musik" wie die Erwachsenen machen. Wenn's soweit ist, werde ich den Großen erst mal was erzählen. Zunächst aber haue ich meine eine Taste in das Brötchen, welches Mama mir zum Frühstück feierlich in die Hände drückt…..

El Medano und der rote Berg

Das Surfermekka El Medano ist unsere letzte Station auf dieser Reise. Der kleine Ort in Nähe des Flughafens ist das Wochenenddomizil vieler Insulaner. Zahlreiche Canarios, die in den Touristenmetropolen des Südens der Insel arbeiten, wohnen hier während der Hochsaison, die in den deutschen Winter fällt. Dies gibt dem Ort ein angenehmes lokales Flair. Und dank der Surfer aus aller Welt herrscht insgesamt ein lässiges, angenehmes Ambiente. Nicht-Surfer liegen entweder am Strand oder unternehmen Spaziergänge durch die nahegelegenen Dünen. Oder besuchen eines der charmanten Restaurants, Cafés und Tapasbars in der hübschen Fußgängerzone.

Wir haben zuvor eine Wohnung über ein bekanntes Buchungsportal reserviert. Die Wohnung liegt direkt in der ersten Reihe der schönen Strandpromenade. Der Zugang führt über die höher gelegene Straße, innerhalb des Apartmenthauses müssen wir zunächst unzählige Treppenstufen hinab und dann wieder hinauf. Eine architektonische Meisterleistung sieht anders aus, denke ich als ich den Lastenesel für Kinderwagen und Gepäck mache. Doch die Strapazen lohnen. Wir erreichen schließlich die Wohnung, welche im vierten und obersten Stockwerk liegt. Balkon und Schlafzimmerfenster liegen direkt über dem Meer. Wenn wir auf dem Bett liegen oder dem Balkon sitzen und das Meer sehen, fühlen wir uns wie auf einem Schiff, das über den Atlantischen Ozean steuert. Tagsüber bestaunen wir die Wellen samt Kite- und Windsurfern; nachts schlafen wir mit den Wellen und der Brandung ein. Eine bessere Meditationsmusik können wir uns kaum vorstellen.

Da wir uns jetzt im Südosten der Insel befinden, kommen wir zum ersten Mal auf unserer Reise in den Genuss der

Morgensonne. Ein mit Baby nicht zu unterschätzender Aspekt, da der Tag früh morgens beginnt. Leona spielt im Wohnzimmer und wir sitzen auf dem Balkon, frühstücken und beobachten das bunte Treiben auf dem Meer und an der schön angelegten Promenade. Die netten kleinen Cafés öffnen früh am Morgen, Surfer mobilisieren ihr Equipment, Sportbegeisterte joggen am Strand und die Hartgesottenen springen in das circa 18 Grad kalte Wasser des Ozeans. Strandwanderer machen sich auf den Weg durch die karge aber attraktive Dünenlandschaft. Im Laufe des Vormittags sehen wir immer mehr Artesanos ihr Kunsthandwerk auf den fortlaufenden Bänken des Boulevards feilbieten. Es folgen ab und an ein Straßenmusiker und andere Vertreter der Kleinkunst. Ein Clown unterhält die Passanten und die Gäste in den Cafés. Wir schauen amüsiert vom Sonnenbalkon aus zu und werfen zielgerichtet einige Münzen in seinen Hut.

Strand und roter Berg in El Medano

Nachdem wir den ersten Tag dem Strand gewidmet haben, wandern wir am zweiten Tag in Richtung des Vulkankegels Montaña Roja (der „rote Berg"), der direkt über den Strand von El Medano zu erreichen ist. Wir packen Leona am späten Vormittag in den Tragegurt und marschieren im Ortszentrum los. Als wir den Paseo de Nuestra Señora Mercedes de Roja, die parallel zum Strand verlaufende Strandpromenade mit zahlreichen Cafés und Surf-Shops, verlassen, ist Leona bereits eingeschlafen.

Wir ziehen unsere Flip Flops aus und wandern barfuß in die Sanddünen hinein, die sich bereits mitten im Naturschutzgebiet befinden. Wir überqueren ein kleines Felsplateau. Von dort erreichen wir die einzige Lagune Teneriffas, an welcher nicht nur wir, sondern auch Zugvögel eine Ruhepause einlegen und Fluss- und Seeregenpfeifer ihren Lebensraum haben. Holzpfähle zeigen uns den Weg zur nächsten Weggabelung, an der wir in Richtung Montaña Roja abbiegen und dem Weg aus Sand und Sandsteinplatten folgen. Links und rechts von uns gedeihen Wolfsmilchgewächse und Salzkraut mit dickfleischigen Blättern. Kurze Zeit später erreichen wir den 172 Meter hohen Gipfel des Montaña Roja mit seiner Vermessungssäule. Wir werden mit herrlichen Ausblicken auf die Küstenlandschaft belohnt, welche sich auch Leona nicht nehmen lassen möchte und aufwacht. Sie scheint jedoch vor allem an Essbarem interessiert. Glücklicherweise haben wir kurz vor unserer Wanderung im Supermarkt ein Obstgläschen gekauft, welches in kürzester Zeit vernichtet wird.

Nach unserer Rast nehmen wir den kürzesten Weg zurück nach El Medano. Leonas erster Hunger ist zwar gestillt, nicht aber ihr Bewegungsdrang. Wir nehmen Sie aus dem Tragegurt und cremen sie gegen die inzwischen doch intensivere Sonneneinstrahlung ein. Ich trage sie auf dem Arm an der Küstenlinie entlang bis wir wieder zum feinsandigen Strand gelangen. Da es Leona irgendwann auch auf meinem Arm zu ungemütlich wird, steuern wir das erste Café an der Strandpromenade an. Wir gönnen uns frisch gepresste Obstsäfte, gefolgt von einem starken Cortado. Leona lässt sich nicht zwei Mal an die Milchbar bitten. Ich lasse die Damen der Schöpfung, die sich diskret in eine ruhigere Ecke verzogen haben, allein und erfrische mich im kühlen Nass.

Wanderung zum roten Berg, El Medano

Am letzten Tag vor unserer Abreise zieht starker Wind auf. Am Strandabschnitt der Wind- und Kitesurfer ist die Hölle los. Während in den letzten Tagen die Anfänger sich üben durften, folgen nun die Profis, die in rasantem Tempo den Atlantik kreuzen. Für uns ist der starke Wind auch eine Herausforderung, als wir gegen Mittag an den Strand gehen. Wir werden paniert wie die Fischstäbchen und auch in den Cafés sausen uns die Lüfte um die Oh-ren, was Leona nicht richtig gefallen mag. Wir genehmi-gen uns flott ein Kaltgetränk und geben uns dann ge-schlagen. Eins zu Null für den Wind. Team Kleinfamilie zieht sich für eine Weile in seine Kabinen zurück und genießt lieber die Aussicht vom Balkon seiner Wohnung.

Abends packen wir und bereiten uns auf die Heimrei-se vor. Am nächsten Morgen geht es sehr früh zum Flug-hafen. Auch der Rückflug verläuft problemlos und wir erhalten glücklicherweise erneut eine ganze Sitzreihe für uns. Leona spielt während des Fluges auf ihrem eigenen Platz und schläft abwechselnd bei uns auf dem Arm. Und kommt am Ende der Reise noch erholter nachhause als Mama und Papa.

Im Rückblick auf unsere erste längere Reise mit Baby sind wir froh, mehrere Ziele angesteuert zu haben. Wir haben wehmütig den einen Ort verlassen, uns aber gleichzeitig auf den nächsten, Abwechslung und neue Entdeckungen gefreut. Leona hat die Reisestrapazen sehr gut weggesteckt und sich souverän und glücklich auf den Inseln bewegt. Die Rundumbetreuung durch Mama und Papa, das gute Klima mit viel Sonne und frischer Luft sowie ein Schläfchen wann immer sie wollte, mögen als Erklärung dienen. Es ist schön zu beobachten, wie fröh-lich Leona durch die Gegend reist und es offensichtlich genießt, neue Leute zu treffen und mit ihnen ihre Späße zu machen.

Der Südwesten Teneriffas und La Gomera haben sich als tolle Ziele für das Reisen mit Baby im deutschen Winter erwiesen. Die Temperaturen sind ideal, wir bekommen Sonne satt. Temperaturen rund um 20 Grad sind ideal – nicht nur für uns, sondern auch für Leona. Die kleinen Buchten der Inseln sind zumeist windgeschützt, sodass man problemlos an den Stränden liegen kann. Die westlichen Kanaren haben ein mild ausgeprägtes, mitunter subtropisches Klima. Sie sind von der Natur verwöhnt, sehr grün und haben spektakuläre Gebirgsstraßen. Dies erinnert uns als ehemalige Backpacker – die inzwischen zu „Babypackern" mutiert sind – an Reisen in fernere Länder. Die Menschen sind äußerst kinderlieb und die Versorgung ist auch für kleinere Babys absolut ausreichend. Auch wenn man kein Spanisch spricht, kommt man fast überall mit Deutsch gut zurecht.

Bei unserer Rückkehr nach Deutschland Mitte März sind es unglaubliche 21 Grad, sodass uns das Heimkommen nicht ganz so schwer fällt. Wir schmeißen die Koffer in die Ecke, holen die Sonnenstühle aus dem Keller und spielen mit Leona auf der Terrasse. Wir stellen uns die Frage, ob wir nicht einfach den Rest der Elternzeit auf unserer sonnigen Terrasse und in Köln am Rhein verbringen sollen. Einige Tage später beginnen wir, uns Gedanken über die nächste Reise mit Leona zu machen und beginnen mit den Planungen.

Manuskripte gesucht
Sachbuch, Reise, Biographien, Belletristik
Alles, was bewegt …
interconnections-verlag.de

Mietwagen-Tour Andalusien

Reiseplanung und Vorbereitung

Als wir Ende Mai zu unserer zweiten Reise aufbrechen, ist Leona gut neun Monate alt, hat viereinhalb Zähne und lernt gerade, sich selber hinzusetzen. Dieses Mal geht es für drei Wochen an das spanische Festland. Anne träumt schon lange von einer ausgedehnten Reise durch Andalusien. Ich war bereits zwei Mal im tiefsten Süden Spaniens, bis dato aber nur in den größeren Städten der Region, sprich Granada, Sevilla, Cadiz und Cordoba. Andalusien hat aber deutlich mehr zu bieten, was es zu erkunden gilt. Daher möchten wir dieses Mal mehr Ziele als bei unserer ersten Reise ansteuern und eine größere Tour mit dem Mietwagen unternehmen. Wir studieren Reiseführer, kramen in Erinnerungen früherer Streifzüge durch die Region und führen Gespräche mit Freunden, welche die Gegend gut kennen.

Wir machen uns an die Arbeit, eine für unsere Bedürfnisse und die Jahreszeit attraktive Route zu entwickeln. Wir wünschen uns einen Mix aus Erholung und Abenteuer. Eine Mischung aus Kultur und Natur; Strand, Stadt und weißen Dörfern; sowie aus Highlights und weniger frequentierten Orten, an denen wir mehr Platz haben als an Massenzielen der Costa de Sol oder der Costa Brava. Das Auffinden der Ziele wird begleitet von Überlegungen, wie lange unsere einzelnen Autoetappen mit Leona maximal sein können, ohne dass es sie belastet und uns entsprechend schwer fallen oder nerven würde. Es geht uns ja nicht darum, ein 24-Stunden Rennen mit Leona hinzulegen. Sondern eine kinderfreundliche Rundreise in entdeckte und weniger entdeckte Ecken zu unternehmen. Kaum einer möchte wohl den ganzen Tag bei 30 Grad und pustender Klimaanlage mit Baby an Bord durch die Gegend fahren.

Wir beschließen eine maximale Distanz von 300 Kilometern und eine Fahrtdauer von höchstens drei Stunden zwischen den einzelnen Stationen – auch um Leona nicht unnötig lange in den Maxi-Cosi zu zwängen. Diskussionspunkt ist natürlich auch, wie viele Tage wir an welchem Ziel verbringen möchten. Und wo der mögliche Start- und Endpunkt der Reise liegen, da hiervon Flugziele, Ticketpreise und natürlich auch die gesamte Streckenführung abhängen.

Wir halten Ausschau nach Flügen und entwickeln nach und nach unsere Reiseroute. Gleichzeitig recherchiere ich nach Unterkünften. Da die Monate Mai und Juni in der sogenannten Shoulder-Season liegen, ist fast überall ausreichend Angebot vorhanden. Bei unserer ersten Reise haben wir gelernt, dass Apartments mit zwei Zimmern viele Vorteile mit sich bringen. Dies wollen wir weitgehend beibehalten. Auf dieser Reise möchten wir zusätzlich in dem einen oder anderen Hotel übernachten und uns zeitweise den Luxus eines Hotelfrühstücks gönnen. Bei kürzeren Aufenthalten von ein oder zwei Tagen lohnt es zudem kaum, eine Ferienwohnung zu mieten. Zum einen schlägt die Endreinigung überproportional zu Buche, zum anderen ist es zeitaufwendig, sich selbst zu verpflegen und einzukaufen. Mitunter werden Apartments auch erst ab drei oder mehr Nächten angeboten.

Wichtig ist zudem die Lage der Unterkünfte. Besonders die größeren Städte in Spanien sind dafür bekannt, dass nachts gerne lange gefeiert wird. Was uns gestern noch als kinderlosen Individualreisenden mit Rucksack wichtig war, wird heute bei Reisen mit Baby zum „No-Go". Wie schnell die Zeiten sich doch ändern können. Wir buchen unsere Unterkünfte erneut vorwiegend über (semi-)professionelle Buchungsportale. Da wir inzwischen eine ganzjährige Reiserücktrittsversicherung abgeschlossen haben, welche im Zweifelsfall die Stornokosten tragen würde, reservieren wir alle Unterkünfte zum günstigsten verfügbaren Tarif. Schlussendlich ergibt sich folgende Reiseroute:

- Direktflug von Köln nach Malaga.
- Drei Übernachtungen in Malaga, Abholung des Mietwagens am dritten Tag.
- Fahrt von Malaga nach San José in den Nationalpark Cabo de Gata, die einzige Wüste Europas. Fünf Übernachtungen in einer Ferienwohnung.
- Weiterfahrt entlang der Sierra Nevada in das kulturelle Zentrum Andalusiens nach Granada. Zwei Übernachtungen in einem guten Hotel am Stadtrand.
- Zwischenstopp für eine Nacht an der „Ruta de los Pueblos Blancos", im weniger besuchten weißen Dorf Olvera.
- Abschließend zehn Tage Entspannung am Atlantik an der Costa de la Luz, am Rande des weißen Strandstädtchen Conil de la Frontera.

Rückflug von Jerez de la Frontera nach Deutschland

Kurz vor Abreise aus Deutschland kümmern wir uns um die Buchung eines Mietwagens. Wir studieren die Angebote und den Tarifdschungel der beiden größten Metasuchmaschinen. Folgende Punkte sind uns hierbei besonders wichtig: Vollkaskodeckung, 4-Türer, unbegrenzte Kilometeranzahl, voller Tank bei Abholung und natürlich der Preis. Als Größe wählen wir die Kompaktklasse, damit der Kinderwagen, ein großer Koffer sowie zwei kleinere Handgepäckkoffer einigermaßen bequem verstaut werden können. Da wir eine Rundreise mit unterschiedlichem Start- und Zielpunkt wählen, wird auf den Mietpreis noch eine Einweggebühr aufgeschlagen. Dies und weitere Details lassen sich nur dem Kleingedruckten entnehmen. Da Leona noch gut in den Maxi-Cosi passt, den wir auf das Kinderwagengestell montieren, müssen wir keinen zusätzlichen Kindersitz als Sondergepäck am Flughafen aufgeben. Das Leihen von Kindersitzen über die Mietwagenfirma ist meistens mit hohen Kosten verbunden. Zudem weiß man nie, welche Qualität man erhält. Mehr Infos zur Buchung von Mietwagen bei Reisen mit Baby befinden sich im Service-Teil des Buches.

Nachdem alles geplant ist, beginnt die Vorfreude auf unsere Reise. Anne entwickelt beim Packen eine beachtenswerte Routine und verstaut systematisch Anziehsachen, Spielzeug und Windeln in einem großen und zwei kleinen Koffern. Leona liegt auf dem Bett und schaut zu. Als immer mehr vertraute Sachen in den großen Koffer wandern, scheint ihr klar zu werden, dass es erneut mit Mama und Papa auf Reisen geht. Sie robbt über das Bett in Richtung Koffer, als wolle sie am liebsten direkt miteingepackt werden. Kurzerhand setze ich sie in den erst halb gefüllten Koffer, was sie mit einem Lächeln und freudigen Quieken quittiert. Unsere Tochter scheint das Reise- und Abenteuer-Gen in die Wiege gelegt bekommen zu haben.

Da Leona bis vor kurzem eine Mittelohrentzündung hatte, gehen wir vor Abreise vorsichtshalber nochmals zu unserer Kinderärztin. Sie erteilt den Reise-TÜV, auch wenn sie ihren Respekt vor unserer abwechslungsreichen Tour nicht verbergen kann.

Am nächsten Morgen kann es endlich losgehen! Unsere Nachbarin bringt uns morgens um 9 Uhr gut gelaunt zum Flughafen. Der Check-In verläuft problemlos. Leona spielt am Flugsteig und nimmt eine kleine Stärkung zu sich bevor wir ins Flugzeug einsteigen. Anscheinend verläuft alles nach Plan.

Hydraulikschaden

Leona erzählt

Wir sind wieder am Hafen der großen Vögel – die altbekannte Prozedur mit der Anfahrt, dem Kofferklau und den Bordkarten. Ich bin ja inzwischen ein alter Flughase. Also rein in den Vogel und ab die Flatter. Leider ist es im Bauch des guten Tieres ziemlich voll. Daher mache ich es mir auf dem Schoß von Mama bequem.

Nachdem sich alle hingesetzt haben, beginnt der Vogel zu strampeln und setzt sich langsam in Bewegung in Richtung Startbahn. Er läuft und läuft – bis ihm plötzlich die Puste auszugehen scheint und er stehenbleibt. Was soll denn das jetzt? Da meldet sich der Vogel und sagt, dass wir einen Hydraulikschaden haben und zurück zum Flugsteig müssen. Ich verstehe kein Wort. Papa erklärt mir, dass der Vogel an seinen Flügeln verletzt ist und noch kurz in die Ambulanz muss. Der Krankenwagen kommt und die Ärzte beginnen mit ihren Arbeiten. Im Bauch des Vogels wird es tierisch heiß. Anscheinend ist es eine schmerzhafte Operation, sodass mein Freund ordentlich zu schwitzen anfängt.

Mama recherchiert Details über solche Verletzungen im Internet und scheint ein wenig nervös zu werden. Ich gucke ungeduldig auf das Display ihres Smartphones. Sie verrät mir nicht, dass manche Vögel in der Folge solcher Verletzungen eine Bauchlandung hingelegt haben. Auch wenn ich noch nicht lesen kann, höre ich genau, wie sie Papa die Horrormeldungen mitteilt.

Inzwischen warten und schwitzen wir seit fast zwei Stunden. Meinen kleinen Kollegen und mir ist nicht nur heiß, sondern auch ungemütlich. Wir wollen hier raus und teilen dies lautstark mit. Papa ist genervt, da die Luft im Vogelbauch inzwischen der in einem Pumakäfig ähnelt. Er spricht mit den netten Leuten in Uniform und fragt, ob wir kurz an die frische Luft können. In diesem Moment meldet sich der Vogel zurück und teilt uns mit, dass es ihm besser geht und er nun flugbereit ist. Wird aber auch Zeit! Dann geht's endlich los und der Vogel hebt ab in Richtung Süden.

Nach all der Aufregung nehme ich erst mal einen Schluck von Mama und genehmige mir ein ausführliches Nickerchen. Gut gelaunt wache ich kurz vor der Landung in Malaga auf.

Malaga und Pablo Picasso

Wir landen mit knapp zwei Stunden Verspätung in Malaga, dem Ziel zahlreicher Billigflieger und Pauschalreisender, die sich weiter an die gesichtslose Costa del Sol karren lassen. Wir nehmen unseren Koffer und das Leona-Mobil – zum Glück unbeschadet – am Gepäckband entgegen. Wir laden unser Gepäck in ein Taxi, welches uns mit kleinem Umweg sicher zu unserer Unterkunft bringt.

Das über Airbnb gebuchte Apartment in einem großen Haus einer spanischen Familie entspricht komplett den Photos im Internet. Es besticht durch seine moderne Einrichtung und seine Lage, weniger durch seine überschaubare Größe. Es hat entgegen unserer eigenen Zielvorgaben nur ein Zimmer. Der kleine Balkon, auf dem wir es uns zwischendurch gemütlich machen können, fungiert als zweites Zimmer. Und als Rückzugsort wenn Leona abends zur Ruhe kommt. Durch die Bäume können wir das funkelnde Meer erspähen. Das Apartment liegt am östlichen Stadtrand von Malaga, nur ein paar Schritte vom Meer und mit guter Busanbindung ins Zentrum. Die Temperaturen sind mit sonnigen 25 Grad am Tag und 20 Grad in der Nacht äußerst angenehm und babytauglich.

Nach unserer Ankunft packen wir die wichtigsten Sachen aus. Leona genehmigt sich einen Brei und danach ein Schläfchen in ihrem Gefährt, mit dem wir in Richtung Pedregalejo rollen. Der Strandort im Osten Malagas liegt unweit vom Stadtzentrum, wird jedoch vorwiegend von Malagueños besucht. Cafés, Tapasbars und Fischrestaurants säumen die gut 500 Meter lange Promenade. Für Pedregalejo typisch sind auch die kleinen Holzboote, die aufrecht stehend als Grill für Sardinenspieße umfunktioniert werden.

Wir genießen unser Abendessen in einem kleinen Strandrestaurant mit Blick aufs Meer. Leona wacht nach kurzer Zeit auf, da mit Fortschreiten des Sonnenuntergangs auch der Konsum alkoholischer Getränke und die Lautstärke an den Nachbartischen zunehmen. Ergebnis: wir essen abwechselnd bzw. nacheinander, während der jeweils andere „auswärts" mit Leona am Strand spielt. Gut, dass wir Salate bestellt haben, die nicht kalt werden können. Auf dem Rückweg schläft Leona im Kinderwagen dankenswerterweise wieder ein, sodass wir in Ruhe an der Strandpromenade zurück zu unserer Unterkunft spazieren können und alsbald den ersten Tag beenden.

Die meisten Reisenden, die in Malaga landen, „entkommen" der Stadt unmittelbar nach Ankunft am Flughafen in ihre Ferienresorts. Das mag dazu beitragen, dass die zweitgrößte Stadt Andalusiens immer noch eine unterschätzte Destination ist. Wir begegnen vor allem Individualreisenden, Rucksack- und Mietwagentouristen, in- und ausländischen Studenten und nicht zuletzt den Einheimischen aus Malaga selbst.

Die Stadt am Mittelmeer ist eine typische andalusische Metropole mit angenehmem Flair. Eine Stadt, die sich in den letzten Jahren stark herausgeputzt und für den Titel der Kulturhauptstadt des Jahres 2016 beworben hat. Auch wenn die Bewerbung nicht von Erfolg gekrönt war, hat Malaga in kultureller und touristischer Hinsicht sehr viel zu bieten. Es gibt unzählige Museen, allen voran das Museo de Picasso, welches vor zehn Jahren in der Geburtsstadt des Künstlers eröffnet wurde. Die Altstadt ist architektonisch gut erhalten und restauriert. Zudem gibt es schöne Park- und Grünanlagen zum Flanieren. Der Paseo de Parque trennt die Altstadt von dem nach Vorbild anderer Großstädte modernisierten Hafengebiet. Das Strandleben spielt sich an der Malagueta und an den familienfreundlichen Stränden im Osten der Stadt ab. Die zentral gelegene Malagueta verfügt über einen breiten langen Sandstrand. Von dort blickt man auf die grünen Gebirge der Sierra de Mijas und die Montes de Malaga. Als ich abends dort joggen gehe, erinnert mich die Szenerie an eine Miniaturausgabe von Rio de Janeiro – eben nur im Süden Europas.

Am zweiten Tag steht Ausschlafen auf dem Programm, soweit mit Baby möglich. Leona gelingt dies zweifelsohne, während wir uns die Nacht auf Grund zweier Mücken um die Ohren schlagen. Die junge Mutter ist stark verwundet und verkriecht sich unter ihr Laken. Da die Mückenjagd nur teilweise erfolgreich endet, offeriert der furchtlose junge Familienvater schließlich sein rechtes Bein. Als Köder für die hungrigen Bestien. Am nächsten Morgen wird an kleinen Blutflecken auf dem Laken deutlich, dass ich mich bei der Attacke eines Stechtieres intuitiv umgedreht und es zerquetscht haben muss. Was man nicht alles tut, um Frau und Kind vor wilden Tieren zu schützen.

Übermüdet machen wir Leona fertig und frühstücken auf unserem Balkon. Da mit aufgewecktem bzw. aufgewachtem Baby ohnehin nicht an Schlafen zu denken ist, fahren wir mit dem lokalen Bus in die Stadt, widmen uns der hiesigen Kultur und schlendern durch die Altstadt. Zu unserer Freude schläft Leona kurz vor dem Picasso-Museum ein. Wir schauen uns in Ruhe die sehenswerte Ausstellung an. Die frühkindliche, kulturelle Bildung muss leider warten. Dafür gibt es zum Abschluss auf der schönen Hofterrasse des Museums eine kleine Zwischenmahlzeit. Leona ist inzwischen aufgewacht und quiekt vor Freude, als sie mit den herumfliegenden Papageien Bekanntschaft macht.

Am Nachmittag steigt die Temperatur deutlich und wir kehren in unser kleines Apartment zurück. Wir wollen uns etwas ausruhen, was auf Grund des fehlenden zweiten Zimmers nicht leicht fällt. Da wir zudem Leonas Schlafenszeiten bereits für Kultur und Sightseeing aufgebraucht haben, gibt es kein Entkommen beim Rumturnen auf dem Bett und Albernheiten mit Madame.

Die zweite Nacht verläuft ähnlich wie die erste, was unserer Erholung noch Luft nach oben einräumt. Nach dem Frühstück unternehmen wir einen Spaziergang am Strand und Anne nimmt sich etwas „Freizeit", um lokale Boutiquen in der Altstadt zu inspizieren. Leona und ich sitzen im Straßencafé, trinken Cortado und futtern Obstbrei. Bevor wir in unser Apartment zurückkehren, bummeln wir noch durch das schöne Hafengebiet. Leona lässt sich nicht zweimal bitten und ratzt unter dem Sonnensegel als gäbe es kein Morgen. Natürlich nur bis zu dem Moment, in welchem wir unsere Unterkunft aufschließen.

Nachmittags sind wir so müde, dass wir neben der freudig auf dem Bett kreischenden Leona abwechselnd ins Kopfkissen pusten. Bilanz am dritten Tag unserer Reise: Kind ausgeschlafen, erholt und bester Laune. Eltern bereits wieder soweit weg vom Alltag in Deutschland, dass sie ob ihrer Müdigkeit auch auf dem Highway von Malaga schlafen würden. Apropos Highway: am nächsten Morgen springe ich in den lokalen Bus und gehe den vorbestellten Mietwagen abholen, während Anne Leona fertig macht und unsere sieben Sachen zusammenpackt.

Cabo de Gata und die Wüste

Beim Mietwagenverleih erhalten wir für den gebuchten Wagen der Kompaktklasse überraschenderweise ein Upgrade, einen Seat Altea XL. Der Kofferraum ist extrem großzügig, Koffer, Handgepäck und Kinderwagen bekommen wir problemlos verstaut. Also viel Raum für uns. Anne und Leona bequemen sich nach hinten, Papa macht den Chauffeure und wirft die Mühle an. Wir starten in Richtung unseres zweiten Zieles, ans Cabo del Gata, die einzige Wüste Europas. Wir wählen die Route entlang der Küste, obgleich uns empfohlen wird, schneller durch das Landesinnere via Granada ans Ziel zu kommen. Da wir aber ohnehin noch in Granada Station machen werden und nichts gegen Serpentinen mit Blick aufs Meer einzuwenden haben, wählen wir die schönere, wenn auch etwas anstrengendere Route.

Als wir Malaga verlassen, beginnt es heftig zu regnen. Ungewöhnlich, da wir doch in die vermeintlich trockenste Gegend Andalusiens aufbrechen. Wir tuckern mit knapp 100 km/h über den spanischen Highway. Leona schläft schon nach kurzer Zeit ein. Nach gut einer Stunde endet die Autobahn bzw. wird immer wieder durch Baustellen nicht fertiggestellter Abschnitte unterbrochen. Uns wir deutlich, dass die spanische Regierung auf Grund der Wirtschaftskrise den Ausbau der Infrastruktur wohl langsamer angeht als geplant.

Wir fahren über eine Schnellstraße, die sich kurvenförmig an der Felsküste entlang schlängelt. Je weiter wir Richtung Südosten vordringen, desto trockener wird es. Die Sonne reflektiert und funkelt im Meer und wir cruisen gemütlich in Richtung unseres nächsten Reiseziels. Was das Schlafen im Auto anbelangt, scheint Leona einen neuen Rekord aufzustellen. Nach zweieinhalb Stunden werde ich etwas unruhig, da sie immer noch seelenruhig träumt. Sie scheint die vielen Eindrücke der letzten Tage zu verarbeiten. Das gleichbleibende Geräusch des Automotors tut sein Übriges.

Nach knapp drei Stunden verlassen wir die Autobahn bei der Ausfahrt San José, Cabo de Gata. Wir fahren durch ein halbtrockenes Wüstengebiet, überall um uns herum sonnenverbrannte rote Erde und wüstenartige Landschaft. Es scheint, wir wären im Wilden Westen irgendwo in Amerika angekommen. Nun wundert es uns nicht mehr, dass zahlreiche Filmklassiker wie zum Beispiel „Lawrence von Arabien" in dieser gottverlassenen und gleichzeitig mystisch anmutenden Gegend gedreht wurden. Und sich zahlreiche Literaten, Schauspieler und Künstler in diese Region zurückziehen, um kreative Energie zu tanken.

Nach 20 Minuten weiterer Fahrt durch die Savanne fragt Anne, wo denn hier im Zweifel der nächste Arzt ist. Ich frage, wo es den nächsten Kaffee gibt. Kurze Zeit später rollen wir in unseren Zielort ein. Leona wacht – wie schon erwartet – kurz vorher auf und gönnt sich mit Mama ein wenig Obstbrei auf dem Rücksitz. Das von Leonas Opa geliehene mobile Navigationssystem funktioniert zuverlässig und bringt uns zu unserem Aparthotel, welches im Osten des Ortes San José liegt. Die Unterkunft erinnert an unser erstes Lager auf Teneriffa. Sie hat ein separates Wohn- und Schlafzimmer mit großem Bett, eine offene, amerikanische Küche und eine riesige Terrasse, die spektakuläre Blicke über die Bucht von San José offenbart. Wir bekommen das vorbestellte Babybett und einen „Trona" (spanisch für Hochstuhl) gibt es auch. Die ideale Unterkunft für unsere Ansprüche.

Am Ankunftstag am Kap ist es zunächst sehr windig und stark bewölkt. Anne und Leona richten sich in unserem neuen Domizil ein, während ich Richtung Dorfkern marschiere und etwas Essbares besorge. Die Wolken verziehen sich, als ich mich mit Pizza auf den Rückweg mache. Dies soll für den Rest unseres Aufenthaltes auch so bleiben.

Bei unserem Spaziergang ins Ortzentrum am späten Vormittag des nächsten Tages ist es fast windstill und sonnenklar. Es fühlt sich an, als hätten wir eher 35 als 25 Grad. Schatten ist Mangelware, sowohl auf Fußwegen und Straßen als auch am Strand. Ein Sonnenschirm, Wasserkanister, Früchte und Sonnencreme stehen entsprechend ganz oben auf unserer Einkaufsliste. Die lokalen Bäckereien bieten europäische und lateinamerikanische Leckereien, es gibt gute kleine Fischrestaurants am Hafen und Eiscafés am Strand. Wir pausieren bei einem Italiener, der sich mit seiner Familie in das Städtchen San José verliebt und dort niedergelassen hat. Die italienisch-andalusische Küche und die kreativen Tapas schmecken herrlich, ein kühles Bier gibt es gratis zu jeder Portion dazu. Nicht ganz ungefährlich, wenn man sich an Tapas satt essen möchte. Leona macht gnädigerweise ein Nickerchen und lässt uns in Ruhe den schönen Nachmittag genießen. Später verkriechen wir uns unter den Sonnenschirm am Strand, wo Leona nach dem Aufwachen Brötchen und Brei zu sich nimmt.

Taverne, Cabo de Gata

Das Cabo de Gata ist schon länger kein Geheimtipp mehr. Trotz allem ist es immer noch wild, ursprünglich und weitläufig. Es liegt östlich der Stadt Almería, erstreckt sich über insgesamt gut 60 Kilometer entlang der Küste und stellt für viele den letzten unberührten Flecken am Mittelmeer dar. Einige der schönsten Strände Spaniens sind zwischen spektakulären Felsformationen versteckt. Hügel aus Vulkangestein fallen immer wieder steil ins türkisfarbene Meer hinab.

Es verschlägt bis heute wenige ausländische Touristen in den Südosten des Landes. Dafür haben sich umso mehr

Spanier ein Apartment für den Sommer oder das Wochenende gekauft. Richtig voll wird es am Kap daher nur in der lokalen Hochsaison in den Monaten Juli und August und rund um die Semana Santa an Ostern. In der übrigen Zeit kann man die Touristen oft an wenigen Händen abzählen.

Der frühere Fischerort San José ist eines der touristischen Zentren der Region und die ideale Ausgangsbasis für Erkundungen der näheren Umgebung. Der Ort bietet einen modernisierten Hafen mit lokalen Restaurants, einen Sandstrand mit Promenade, kleine Hotels und Apartments. Es gibt sogar eine Tauchstation. San José versprüht eine unaufdringliche, relaxte Atmosphäre als wir Anfang Juni durch den pittoresken Ort bummeln, der von architektonischen Bausünden verschont geblieben ist. Die weißen Häuser erinnern uns an Griechenland, die Kakteen und Agaven eher an Mexiko.

Nachdem wir die ersten beiden Tage dem Ort und den hiesigen Stränden gewidmet haben, machen wir uns am dritten Tag auf zu den unberührten Naturstränden. Der Playa de los Genoveses und der Playa de Mónsul sind von San José während der Hochsaison mit einem Pendelbus erreichbar. Da dieser noch nicht in Betrieb ist, nehmen wir den Mietwagen. Wir verlassen den Ort und die asphaltierte Straße direkt hinter unserem Apartment. Unser Gefährt poltert mit gut 15 km/h über die rotbraune Schotterpiste der Wüste. Riesige Kakteen, gewaltige Gesteinsformationen und Agaven säumen den Weg. Als wir auf einer kleinen Anhöhe ankommen und diese wieder langsam hinabfahren tun sich prächtige Ausblicke auf. Wir passieren eine verwaiste Bushaltestelle, die mitten in der sengenden Sonne platziert ist. Ein Bambusdach bietet immerhin etwas Schatten. Ansonsten weit und breit keine

Infrastruktur – außer der Piste, die durch eine surreal an-
mutende Landschaft führt.

Bushaltestelle in der Wüste, Cabo de Gata

Plötzlich kommt Old Shatterhand am Horizont mit seinem Pferd angeritten. Winnetou und Sam Hawkens sind
auch nicht weit. Zumindest wirkt es so und wir fühlen
uns wie in einem Wildwestfilm. Wobei: Western spielen
bekanntlich nicht am Strand. Und da wollen wir langsam
hin. Nach gut 30 Minuten erreichen wir den Playa de los
Genoveses, eine circa einen Kilometer lange sichelförmi-
ge Bucht, an der extrem starker Wind bläst. Außer einem
Hund samt Herrchen und einem zum Wohnwagen um-
funktionierten Unimog aus alten Tagen ist weit und breit
niemand zu sehen. Wir setzen Leona eine Mütze als
Windschutz auf, packen sie in die Manduca und spazieren etwas ziellos umher. Unser Plan, es sich hier irgendwo unter dem mitgebrachten Sonnenschirm gemütlich zu
machen, ist auf Grund des Windes definitiv gescheitert.

Kurzerhand geht es zurück zum Wagen, wo es für Klein und Groß einen Snack gibt.

Wir holpern weiter zum nächsten Strand, in der Hoffnung, dass dieser windstiller und babytauglicher ist. Die wüstenartige Gegend erscheint wie eine Mondlandschaft. Reiseführer verraten uns, dass diese vor Hunderten von Jahren auf vulkanischem Gestein entstanden ist. Nach 15 Minuten parken wir in der Nähe des besser besuchten Playa de Mónsul. Aufgrund der weitläufigen Umgebung wirkt der Strand dennoch fast menschenleer. Vulkanfelsen bieten Schatten und schützen vor dem Wind. Perfekt! Wir lassen uns nieder und genießen das Naturschauspiel. Leona spielt mit ihren neuen Förmchen und versucht sich an ihrer ersten Sandburg. Als sie kurze Zeit später in ihrem Maxi-Cosi einschläft, umgibt uns eine zunächst unheimliche, dann aber ungemein beruhige Stille. Wer an diesem Strand nicht abschaltet und den Alltag zuhause vergisst, wird es auch sonst nirgendwo schaffen.

Ich bin eine Wüste!

Leona erzählt

Papa und Mama schicken mich in die Wüste! Da ich bis jetzt kaum krabbeln und mich nur hopsend auf meinem Hintern fortbewegen kann, wollen sie mich jedoch begleiten. Wir steigen morgens in unser Auto, ich mache es mir in meinem Maxi-Cosi bequem und bin gespannt auf unseren Ausflug. Von wegen bequem! Unser Auto fängt an zu hopsen, wie nur ich es sonst kann. Dabei ist es so langsam unterwegs, dass wir auch direkt zu Fuß samt Kinderwagen hätten losziehen können. Wobei ich in dieser menschenleeren und schattenlosen Gegend dann doch unser Auto vorziehe. Während wir über die Piste schaukeln, erzählt Papa uns alles Mögliche über die Dattel- und Zwergpalmen, Eukalyptusbäume und Kakteenfelder am Wegesrand. Nach 20 Minuten halten wir am Playa de los Genoveses. Mama cremt mich mit weißer Paste ein und packt mich in die Trage. Papa sattelt unsere Strandsachen. Nach einem kurzen Fußmarsch lassen wir uns am Strand nieder. Oder besser gesagt, wir versuchen es. Der Wind bläst mir dermaßen um die Ohren, dass unser Sonnenschirm fliegen geht. Sand und Sonne panieren mich wie ein Fischstäbchen. Bei der Hitze bin ich in 5 Minuten gar und gut durchgebraten, denke ich.

Mama und Papa wollen mich dann doch nicht an Käpt'n Iglo verkaufen und packen mich ein wie eine Beduinin. Bei dem Gedanken an Fischstäbchen habe ich Hunger bekommen und tue dies auch lauthals kund. Wir gehen zurück zum Auto und nach einer kleinen Zwischenmahlzeit geht das Gehopse weiter zum nächsten Strand. Haben Mama und Papa nicht verstanden, dass das bei dem Wind nichts bringt?! Am Playa de Mónsul angekommen finden wir zum Glück Felsen, die uns vor Wind, Sonne und mich vor der Bratpfanne schützen. Cool! Endlich kann ich in Ruhe im Sand spielen und nach den Spuren von Steven Spielberg, Harrison Ford und Sean Connery buddeln. Die haben hier wohl vor einigen Jahren den Film „Indianer Jones und der letzte Kreuzzug" gedreht.

Neben den Stränden sind die Fahrten durch die herrliche Gegend des Cabo de Gata der eigentliche Höhepunkt unseres zweiten Reiszielts, an welchem sich Naturliebhaber, Wanderer, Sinnsuchende, Yuppies und ehemalige Hippies gleichermaßen treffen. An fast jeder Ecke tun sich neue Blicke auf das Mittelmeer und die leicht hügelige Region auf, die von sonnenverbrannter roter Erde umgeben ist. Die Landschaft zieht gemächlich an uns vorüber, der Wind bläst uns um die Ohren und unser Auto gleitet fast schwerelos über die wenig befahrenen Straßen. Wild.

Romantisch. Zeitlos. Endlos. Beruhigend. Das Surren des Motors lässt Leona in einen tiefen Schlaf sinken. Unsere Blicke folgen den Möwen und Segelbooten, die am wolkenlosen Kap ihre Runden ziehen.

Typisches Haus am Cabo de Gata

Leona genießt die intensive Zeit mit Mama und Papa, spielt und schläft im Wechsel mit ihren Mahlzeiten – im Auto, am Strand oder in unserer Ferienwohnung. Wir sind glücklich, dass sie sichtlich Freude an unserer Reise entwickelt. Leona kann sich seit Malaga selbstständig hinsetzen und beginnt nun langsam aber unsicher zu krabbeln. Sie brabbelt und lacht vor Freude, während wir sie in Windel und Body durchkitzeln. Als ich eines Abends vom Bäcker zurückkomme sitzt Leona auf ihrem „Thron" und nimmt ihre Breimahlzeit beim Sonnenuntergang ein. Als sie mich erblickt, zeigt sie spontan mit dem Zeigefinger auf mich und sagt zum ersten Mal „Bappa, Bappa!". Diese kleinen Momente sind die wahren Highlights unserer Reise. Herzzerreißend und unvergesslich, was so ein kleines Wesen bei seinen Eltern für Gefühle hervorruft.

Fünf Tage sind eigentlich viel zu kurz für eine Erkundungstour der Region. Da am Tag unserer Abreise der Wind wieder mächtig aufdreht und Wolken aufziehen, fällt uns die Abreise jedoch nicht ganz so schwer. Wir verlassen den Natur- und Meerespark Cabo de Gata mit dem Gefühl zur richtigen Zeit am richtigen Ort gewesen zu sein. Diesbezüglich sei nochmals gesagt, dass die Strände in der Hochsaison nicht immer so leer sind wie beschrieben. Es gibt aber zahlreiche weitere sehenswerte Strände, die wir auf Grund der Zeit nicht alle besuchen konnten. Somit wird jeder ganzjährig am Cabo de Gata seine Auszeit nehmen können – sei es alleine, zu zweit, mit Freunden oder mit Baby.

Granada und die Alhambra

Unsere Weiterfahrt führt uns zurück auf die Küstenauto-
bahn in Richtung Almería, bevor wir kurze Zeit später
auf die A92 nach Granada abzweigen. Die Autobahn
führt spektakulär durch die Berge und surreal anmutendes
Gefilde. Die Landschaft besteht aus einer Ansammlung
von Schluchten und felsigem Ödland. Sie gleicht dem
Wilden Westen und erinnert uns streckenweise an die
unwegsamen Gebirge Afghanistans, die wir nur aus dem
Flugzeug und Fernsehreportagen kennen. Weit und breit
kein Lebewesen, weder Flora noch Fauna, nur steiniges
Gebirge. Bis wir am Rande der Autobahn eine verlassene
Westernstadt erblicken. Eine der ehemaligen Filmkulis-
sen, in denen in den 60er und 70er Jahren circa 150 Wes-
ternfilme gedreht wurden. Heute können in diesem Mini-
Hollywood Touristen Cowboy und Indianer spielen,
durch die Prärie reiten, Lassos werfen und fiktive Schie-
ßereien, Banküberfälle und Duelle vor dem Salon verfolgen.

Die Autobahn schlängelt sich oberhalb der Sierra Nevada in Richtung Guadix, einer Stadt, in der die Menschen noch in Höhlen wohnen, die in den Fels gehauen
sind; von dort geht es weiter in das kulturelle Herz Andalusiens, nach Granada. Leona ist mal wieder im Schlaf
versunken und träumt wahrscheinlich von Käpt'n Iglo
und Indianer Jones. Nach gut zwei Stunden erreichen wir
unsere Unterkunft. Die nächsten zwei Nächte werden wir
in einem 4-Sterne Hotel am Stadtrand von Granada übernachten. Da wir uns einiges anschauen wollen, möchten
wir keine Zeit mit Einkaufen und der Zubereitung von
Essen verlieren. Zudem ist das Hotel inklusive Frühstück
und unschlagbar günstig.

Wir fahren direkt vor dem Hotel vor, wo unsere Koffer vom Hotelpersonal ausgeladen werden. Wir betreten mit Leona eine großzügige und beeindruckende Lobby. Es wirkt auf uns, als wären wir auf Dienstreise. Und nicht im Urlaub. In unserem Zimmer steht bereits das frischbezogene Babybett. Beim Mittagessen am Pool erhalten wir einen kleinen Regiestuhl, der als Babysitz auf einen Stuhl montiert wird. Eine praktische Erfindung – leicht und einfach auf Reisen zu transportieren. Die Kellner machen im Handumdrehen Leonas Brei warm. Die Prinzessin speist auf ihrem Thron, während wir nacheinander kurz in den Pool springen. Danach spielt sie glücklich und zufrieden auf der schattigen Terrasse mit ihren bunten Plastikbechern. Wir genießen unseren Espresso.

Am Nachmittag fahren wir mit dem lokalen Bus, der direkt vor der Türe hält, ins Zentrum. Es ist für Anfang Juni unerwartet heiß. Die Temperaturen liegen bei gut 30 Grad. Wir schieben Leona durch die sonnengebleichten Straßen und lassen uns intuitiv durch die Stadt treiben. Madame macht ein Verdauungsnickerchen und wir lauschen den Straßenmusikern rund um die Kathedrale. Im Gegensatz zum Cabo de Gata ist Granada alles andere als menschenleer. Kein Wunder, denn die Alhambra, das wohl eindrucksvollste Zeugnis der 800-jährigen Maurenherrschaft, und das Flair der Region verzaubern Touristen wie keine andere Stadt in Andalusien.

Wir nutzen Leonas Ruhepause und flanieren durch das alte arabische Viertel, das Albaicín, welches auf einem Hügel gegenüber der Alhambra liegt. Große Villen mit ummauerten Gärten liegen am Rande eines Labyrinths von Gassen und kleinen Plätzen, die sich immer weiter aufwärts in Richtung des Aussichtspunkts Mirador San Nicolas ziehen. Das Kopfsteinpflaster und die teilweise stufenartige Bauweise der Gassen stellen unseren Kinderwagen auf die Probe ob seiner vom Hersteller deklarierten Querfeldeintauglichkeit. Achsen und Federn werden bis an ihre Belastungsgrenze getestet. Leona ist das natürlich herzlich egal, als Mama und Papa schweißgebadet an der Spitze des Albaicín ankommen und sich in ein Café fallen lassen. Die Aussicht auf die Alhambra und die Sierra Nevada sind unschlagbar, auch wenn man diese mit ganzen Busladungen von Touristen teilen muss, die offensichtlich die bequemere Aufstiegsvariante gewählt haben.

Den Abend verbringen wir im Hotel. Leona schließt wie gewohnt gegen 20 Uhr ihre Augen. Uns fehlt nun allerdings der zweite Raum, um uns zurückzuziehen. Wir liegen bei schimmerndem Licht auf unserem Bett, flüstern und lesen. Wir schlafen an diesem Abend nicht viel später als Leona, auch um Kräfte und Energie für die kommenden Unternehmungen zu sammeln.

Am nächsten Morgen freuen wir uns auf das Frühstücksbuffet. Im großen Saal setzen wir uns bewusst in eine ruhige Ecke, damit wir die anderen Gäste nicht stören, sollte Leona etwas lauter werden.

Frühstück für den Rockstar

Leona erzählt

Große Rockstars schmeißen Fernseher aus dem Hotelzimmer. Kleine verwüsten den Frühstücksraum! Wir übernachten in einem schicken Hotel. Morgens beim Frühstück gibt es Buffet mit schier unendlicher Auswahl. Und was bekomme ich? Getreidebrei!? Das lass ich mir nicht gefallen! Kaum sitze ich in meinem Thron mache ich eine ordentliche Ansage. Mama und Papa warten mit meinen Spielsachen als Beruhigungsmittel auf. Ganz schön schlau, aber so einfach kann man einen Rockstar nicht besänftigen! Königin Leona schmeißt alles was nicht niet- und nagelfest ist von ihrem Thron: Lego- und Duplosteine, Plastikbecher und Kinderbücher. Doch damit nicht genug! Die Lautstärke und die Unruhe der anderen kleinen und großen Gäste ermutigen mich, jetzt erst richtig loszulegen. Es folgen Servietten, Brotstücke, Marmeladen- und Buttertöpfchen, Zuckertütchen, meine Mütze, Kaffee- und Breilöffel, Obst und was sonst noch in Reichweite ist. Die nähere Umgebung unseres Tisches gleicht einem Schlachtfeld. Mama und Papa befinden sich zeitweise mehr unter als am Tisch. Sie murmeln irgendwas davon, dass sie für morgen früh einen Alternativplan finden wollen. Ich finde: Ein starker Auftritt von Rockstar Leona!

Nachdem wir das Chaos im Frühstückssaal beseitigt haben, packen wir unsere Sachen. Das Thermometer zeigt morgens um 10 Uhr bereits 30 Grad, im Laufe des Tages soll es noch heißer werden. Wir haben anscheinend eine Hitzeperiode erwischt. Dies bekommen wir deutlich zu spüren, als wir mit Leona den Aufstieg zur Albhambra in Angriff nehmen. Wir prügeln uns nicht gerade darum, wer Leona schieben bzw. in der Manduca tragen darf. Am Eingang angekommen sind wir überrascht, dass Eintrittskarten relativ problemlos und zügig erhältlich sind. Hatten uns doch Reiseführer, Internet und Mitarbeiter vom Hotel empfohlen, die Karten Wochen vorher zu bestellen oder sich zumindest morgens um 7 Uhr in die Schlange zu stellen.

Wir entscheiden uns für die „kleine Variante", welche uns Zugang zum Generalife (arabisch: jinan al'arif) verschafft und eine beeindruckende Anlage aus Parkanlangen mit Pfaden, terrassierten Gärten, Wasserbecken, Brunnen und Blumen aller Farben bietet. Der Sommerpalast des Emirs, welcher großartige Ausblicke auf die Burg liefert, ist besonders beeindruckend.

Leider macht die Hitze Leona mit der Zeit etwas zu schaffen. Sie schwitzt fast so wie die Mauren beim Erbau der Alhambra. Wir nehmen sie aus dem Kinderwagen und tragen sie auf dem Arm, jedoch bläst ein so starker Wind, dass wir uns abwechselnd mit ihr an schattige und windstille Plätze verkriechen. Die spärliche Sitzgelegenheit unter einem Torbogen wird zur Erheiterung der Passanten zu Esszimmer und Wickelkommode umfunktioniert. Der jeweils andere klettert durch die Palastanlagen und flaniert durch die schönen Gärten. Auf Grund der klimatischen Umstände und unserer zunehmend missmutigen Tochter beenden wir die Besichtigungen nach gut zwei Stunden.

Alhambra, Granada

Wir nehmen den Bus hinab ins Zentrum, kaufen schnell ein paar Windeln und pendeln danach zurück zum Hotel.

Den Nachmittag und frühen Abend relaxen wir am Hotelpool. Leona genießt es, sich auf der großen Terrasse mit ihren Spielsachen breit zu machen und die anderen Hotelgäste mit ihrem freundlichen Wesen zu erheitern. Am nächsten Morgen füttern wir unseren kleinen Rockstar auf dem Zimmer bevor wir zum Frühstück gehen. Kurz darauf checken wir aus und fahren in Richtung unseres nächsten Ziels.

Olvera und die weißen Dörfer

Wir nehmen Kurs nach Westen und fahren entlang der „Ruta de los Pueblos Blancos". Da es bis zur Costa de la Luz, der „Küste des Lichts", jedoch über 400 Kilometer sind und wir es nicht eilig haben, wollen wir in einem der weißen Dörfer übernachten. Von Granada ausgehend nehmen wir zunächst die Autobahn, die nach einer knappen Stunde in eine Landstraßenroute übergeht. Nach dem Trubel der Großstadt ist es eine Wohltat, durch die hügelige Naturlandschaft und über die wenig befahrenen, meditativ anmutenden Straßen zu fahren. Der strahlend blaue Himmel gibt der landwirtschaftlich von Kornfeldern geprägten Region farblich schöne Kontraste. Wir hören leise Musik, Leona schläft mal wieder und wir gleiten förmlich an einer Reihe von Kleinstädten und weißen Dörfern vorbei. Auf diesem wohl schönsten Abschnitt unserer Rundreise wird der Weg buchstäblich zum Ziel.

Nach knapp zwei Stunden Fahrzeit erreichen wir das weiße Dorf Olvera. Es liegt in idyllischer Umgebung, von roter Erde durchsetztem Strauchwerk, Olivenhainen und Getreidefeldern, am nordöstlichen Ende der Provinz Cadiz und den westlichen Ausläufern des betischen Gebirgssystems. Der unter maurischer Herrschaft entstandene und auf einem 650 Meter hohen Berg errichtete Ort ist von weit her sichtbar und wegen seiner einmaligen Silhouette Motiv auf vielen andalusischen Postkarten. Am höchsten Punkt des Dorfes befindet sich neben einer Bergruine eine Pfarrkirche, die auf den Resten einer maurischen Moschee errichtet wurde. Die zentrale Anhöhe ist ausschließlich von niedrigen weißen Häuserreihen umgeben, die den Charakter des Dorfes ausmachen.

Landschaft an der „Ruta de los Pueblos Blancos"

Als wir die Landstraße verlassen und in das Dorf einbiegen, fühlen wir uns sofort wohl. Im Gegensatz zu den bekannteren weißen Dörfern wie Ronda oder Vejer de la Frontera finden sich hier kaum ausländische Touristen. Voll ist es in der Stadt trotzdem, da just an dem Tag unserer Ankunft ein großes Radrennen stattfindet. Wir drehen einige kleinere Schleifen durch die Stadt und kommen zu unserem rustikalen Hotel, welches mit zwei Sternen und Pool zu den besten im Ort gehört. Es ist wegen des Rad-

rennens voll ausgelastet, zudem finden zwei Kommunionsfeiern im angeschlossenen Restaurant statt. Wir sind
also an einem der betriebsamsten Tage des ganzen Jahres
in Olvera, was dem Reiz dieser Station jedoch keinen
Abbruch tut. Wir bekommen ein schönes Zimmer, das
mit dunklen Holzmöbeln ausgestattet ist. Auch das Babybett ist nicht aus der Plastikabteilung, sondern ebenso
handwerklich aus massiv dunklem Holz angefertigt. Leona liegt erst mal Probe und befindet ihr Nachtquartier für
gut, auch wenn sie in der Nacht zumeist zwischen uns
schlafen wird.

Straßenzug im Zentrum von Olvera

Da aufgrund des Trubels im und um das Hotel herum
nicht an Mittagsschlaf zu denken ist, ziehen wir alsbald
los und nehmen einen kleinen Mittagsimbiss in einer lokalen Taverne ein. Leona macht es sich im Kinderwagen
bequem und verspeist ein Breigläschen. Danach erkunden
wir das kleine und gut überschaubare Dorf. Da die Spa-

nier Siesta halten, sind wir so gut wie allein bei unserem Weg durch die verwinkelten Gassen hinauf zur Kirche. Zudem ist es auch in Olvera heißer als für die Jahreszeit üblich, was den letzten Teil des Aufstiegs über Kopfsteinpflaster mal wieder ziemlich schweißtreibend gestaltet. Die letzten 100 Meter hieven wir den Kinderwagen über die Stufen und transportieren Leona auf dem Arm. Oben angekommen zeigt sich, dass die Mühen sich gelohnt haben. Rund um die Kirche tun sich atemberaubende Ausblicke über die kleine Stadt und die umliegende Region auf. Als Leona bei Anne auf dem Arm rumdöst und wir uns auf einer Bank ausruhen, kommt plötzlich ein großer Schäferhund auf uns zugelaufen und springt an mir hoch. Da kommt zum Glück schon das etwas betagte Frauchen hinter einer Häuserfassade hervor und ruft ihren temperamentvollen Begleiter zur Räson und beendet diesen kurzen Schreckmoment.

Wir gehen kreuz und quer durch die Straßenzüge weiß gekalkter Häuser zurück zu unserem Hotel und beschließen, den Rest des Tages keine weiteren Entdeckungstouren zu unternehmen. Wir relaxen auf dem Zimmer und gehen wenig später an den Pool. Nachdem die Gäste der Kommunionsfeiern das Haus verlassen haben, essen wir abends im hoteleigenen Restaurant. Wir freuen uns über die Ruhe, die vor allem Leona gut gebrauchen kann. Diese ist jedoch nur von kurzer Dauer. In der Hotelbar nebenan beginnen zwei lokale Guitarreros ihr komplettes Repertoire zum Besten zu geben. Kurz darauf fallen gut 30 spanische Rentner in den Speisefall ein. Was die Lautstärke anbelangt, können diese es durchaus mit der spanischen Jugend aufnehmen. Da wir die einzigen Ausländer im Restaurant sind, werden wir ausführlich begutachtet und mit Augenzwinkern der älteren Herrschaften beglückt – besonderer Fokus natürlich auf Leona. Trotz oder gerade wegen all der Aufmerksamkeit wird es ihr bald zu bunt. Wir vertilgen unser schmackhaftes Essen in Rekordzeit und ziehen uns auf das Zimmer zurück. Gegen 23 Uhr kehrt Ruhe im Hotel ein und wir regenerieren unsere vom Sightseeing der letzten Tage geschundenen Knochen. Als wir am nächsten Morgen beim Frühstück sitzen und gerade aufbrechen wollen, zieht die freundliche Rentnerarmada vom Vorabend an uns vorbei. Die älteren Herrschaften lächeln Leona an, kneifen sie sanft in die Wangen oder streicheln ihr über den Kopf. Ausgeschlafen und gut gelaunt reagiert Leona auf die Aufmerksamkeiten mit freudestrahlendem Lächeln.

Conil de la Frontera und Costa de la Luz

Nach den letzten Tagen sind wir reif für den Strand und Erholung. Wir machen uns auf den Weg zu unserer „Final Destination" an die Costa de la Luz. Die letzten rund 150 Kilometer unserer Tour führen uns anfänglich erneut entlang weißer Dörfer und kleiner Städtchen, wie dem sehenswerten Arcos de la Frontera. Wir passieren Jerez, die Stadt des Cherrys. Danach geht es weiter südlich über Cadiz nach Conil de la Frontera. Leona schläft mal wieder und spart offensichtlich Kräfte für die Erkundung unseres neuen Reiseziels.

Gegen Mittag erreichen wir unser Apartment, welches in einer schönen kleinen Anlage liegt. Da es an der „Küste des Lichts" mitunter sehr windig werden kann, haben wir eine Unterkunft in der zwei Kilometer außerhalb gelegenen Urbanisation Fuente de Gallo gebucht. Der Sandstrand, über den man direkt in das Zentrum von Conil de la Frontera laufen kann, wird durch Felsformationen vor dem Atlantikwind geschützt und ist somit bestens geeignet, um mit Babys länger an den Strand zu gehen.

Das weiße Strandstädtchen Conil, in dem wir zehn Tage bleiben und nochmals richtig in den Urlaubsmodus schalten, ist uns von Freunden aus Deutschland empfohlen worden. Im Reiseführer Lonely Planet Spanien findet sich keine einzige Zeile über dieses Ziel, andere Reiseführer geben auch nur spärliche Auskunft. Ein gutes Zeichen, dass es sich kaum um ein von ausländischen Reisenden überranntes Ziel handeln kann. Bei den Spaniern hingegen steht Conil ganz oben auf der Liste der bevorzugten Reisedestinationen im Süden des Landes. Kein Wunder, findet sich doch ein weißes, gut erhaltenes ehemaliges Fischerdorf direkt am Meer mit einem weitläufigen, breiten Sandstrand.

Weißes Dorf am Atlantik, Conil de la Frontera

Die ersten zwei Tage in Conil stehen voll und ganz im Zeichen der Erholung. Wir richten unsere Wohnung ein, schieben die Betten und das Babybett zusammen und kaufen im Supermarkt ein. Abends kochen wir und genießen den Sonnenuntergang beim Abendessen auf unserer Terrasse. Leona kann überraschenderweise mit acht Monaten das Smartphone bedienen und blättert noch etwas unkoordiniert durch die vielen Schnappschüsse. Der Süßwasserpool der Anlage ist nicht nur schön angelegt, sondern auch wohl temperiert und lädt zur Erfrischung ein.

Leona scheut jedoch noch das Wasser und hält sich mittags lieber im kühlen Apartment auf. Inzwischen hat sie das Spielen im Sitzen entdeckt, ist hierbei aber noch nicht sehr sicher. Wenn sie müde oder unaufmerksam ist, fällt sie um und prallt mit ihrem Kopf auf die Fliesen, wenn wir sie nicht rechtzeitig abfangen. Also höchste Alarmstufe für Anne und mich. Wir fragen uns, warum es noch keine Sturzhelme für Babys in entsprechendem Alter gibt. Wir überlegen, uns nach Rückkehr in Deutschland mit der Idee selbstständig zu machen und schleunigst ein Patent anzumelden. Bis dahin kühlen wir die Blessuren mit kalten Waschlappen und Wasserflaschen. Auch Bananen aus dem Kühlschrank erweisen sich als hilfreich ob ihrer ergonomischen Form. Wir setzen Leona ab sofort auf Tages- und Wolldecken, um eventuelle weitere Stürze abzufedern.

Wir beschließen, die letzten zehn Tage rund um Conil in der Stadt und am Strand zu verbringen. Ich fahre nach Cadiz und gebe unseren Mietwagen ab. Nach einem kurzen Stadtbummel durch die Altstadt fahre ich mit dem öffentlichen Bus zurück nach Conil. Am Nachmittag laufen wir mit Leona zum breiten Atlantikstrand. Da gerade Ebbe ist, können wir von Fuente de Gallo über den Sandstrand bis zum Ortszentrums von Conil laufen. Der Kinderwagen lässt sich gut über den feuchten aber recht harten Sand schieben. Der kilometerlange, breite Strand an der felsigen Küste, die der portugiesischen Algarve ähnlich ist, wird bei Flut jedoch deutlich schmaler. An einigen Stellen wird der Strandweg nach Conil sogar unpassierbar, weshalb wir morgens immer die an der Rezeption ausliegenden Gezeiten studieren.

Wir verlassen den Strand, der über Holzstege direkt in das Stadtzentrum führt. Conil ist wahrscheinlich das einzige weiße Dorf direkt am Strand, zumindest an der Costa de la Luz. In den engen Gassen ist der arabische Einfluss deutlich spürbar. Wir schieben die schlafende Leona durch mit Blumen geschmückte weiße Straßen und lassen uns zwischen den vielen kleinen Innenhöfen und Plätzen des ehemaligen Fischerdorfes treiben. Auf der zentralen Calle Cadiz gibt es zahllose Tapasbars, die trotz ihrer Menge nicht aufdringlich wirken und zum Verweilen und Stärken einladen. Wir sind begeistert und froh zum Ende unserer Reise einen schönen Ort gefunden zu haben. Am späten Nachmittag nehmen wir den Bus, der zwischen Conil und Fuente de Gallo pendelt, zurück zu unserem Apartment.

Die nächsten Tage verlaufen ähnlich und wir entspannen uns bei langen Spaziergängen am Strand, im Apartment oder am Pool. Da es zunehmend heißer wird meiden wir die Mittagszeit. Wir gehen entweder erst am Nachmittag los oder versuchen gegen Mittag zurück zu sein. Eines Morgens spazieren wir bei bereits zunehmender Flut am Strand entlang in Richtung Conil. Wir legen auf halber Strecke eine Rast an unserer favorisierten Strandbude in der Nähe des Playa de Fontanilla ein. Wir lernen eine nette Familie aus München kennen. Leona wacht auf und flirtet mit den anderen Kindern. Wir genießen den herrlichen Ausblick über das weitläufige Meer und plaudern bei Cortado und Tapas über Gott, die Welt und Conil.

Als wir uns schließlich auf den Rückweg machen, ragt das Meer am Nadelöhr in Richtung Heimat bereits verdächtig nah an die Felsen. Da der Weg über die Landstraße nicht nur länger und unattraktiver, sondern mittags bei praller Sonne auch unangenehm heiß sein kann, entscheiden wir uns flott über den Strandweg zurückzukehren. Noch scheint die Flut überschaubar und der Sandstrand erkennbar. Wir schieben Leona in Richtung des felsigen Vorsprungs, der den Durchgang nach Fuente de Gallo verkleinert und bei Zeiten unpassierbar macht. Das kritische Stück hat in etwa eine Länge von 1000 Metern, das jedoch nicht vollständig einsehbar ist, da der Strand sich leicht biegt. Anfangs sind wir noch guten Mutes und bugsieren den Kinderwagen samt Leona zwischen den herannahenden Fluten und den Felsen hindurch. Sowohl vor als auch hinter uns steigt das Wasser. Je weiter wir voranschreiten, desto mehr wird ein Umkehren erschwert bzw. unmöglich. Der Meeresspiegel steigt unaufhörlich. Und in unerwartetem Tempo. Mittlerweile schieben wir den Kinderwagen bereits durchs Wasser. Es gibt kein zurück mehr. Anne packt Leona in Windeseile in die Manduca, die inzwischen etwas nass aber noch voll funktional ist. Das steigende Wasser bietet unserem Gefährt immer mehr Paroli und Widerstand. Aus Sicherheitsgründen teilen wir uns auf. Anne geht so schnell wie möglich mit Leona voran, das Wasser geht uns inzwischen bis über die Knie. Das Bild von Jesus, der den heiligen Christopherus über das Wasser getragen hat, drängt sich in mir auf. Ich versuche den Kinderwagen irgendwie durch die Fluten zu hieven, schaffe es jedoch nicht allein. Zum Glück eilt hinter uns ein Pärchen aus Spanien durchs Wasser. Der Mann bietet sich an, mir beim Tragen zu helfen. Das Wasser geht uns inzwischen bis über die Hüfte. Kurze Zeit später erreichen Anne und Leona das rettende Stück des Strandes, der wieder breiter und passierbar wird. Ich folge kurz darauf mit dem Kinderwagen.

Bis auf den Verlust unseres Sonnenschirmes, der von den Fluten des Atlantiks verschluckt wurde, überstehen wir dieses kleine Abenteuer unbeschadet. Fünf Minuten später und wir wären mit dem Kinderwagen durch das offene Meer geschwommen. Und hätten diesen in ein Amphibienfahrzeug umfunktionieren müssen. Diese Herausforderung heben wir uns jedoch lieber für den nächsten Besuch in Conil auf, wenn Leona etwas größer ist und schwimmen kann. Aber auch so kann sie von diesem kleinen Abenteuer eine Geschichte erzählen.

Kampf mit den Fluten

Leona erzählt

Endlich mal ein Strand, an dem ich königlich mit meinem Kinderwagen entlang fahren kann. Es gibt doch nichts Schöneres als direkt am Meer einzuschlafen. Ich bin gerade dabei, unter meinem Sonnensegel einzudösen, als sich das sanfte Meeresrauschen in ein immer lauter werdendes Getöse verwandelt. Ich öffne die Augen und blicke aus meinem Leona-Mobil. Hinter bzw. vor mir Mama und Papa, die den Wagen immer schneller schieben. Rechts die Felswände, links die Wellen. Ich frage mich, ob das meine erste Surfstunde werden soll. Ich werde von dem Spritzwasser der herannahenden Fluten immer nasser. Der Sandstrand ist inzwischen fast komplett verschwunden. Links, rechts und unter mir nur Wasser. Über mich muss die Flut nun wirklich nicht auch noch treten. Für den Tauchschein bin ich doch noch etwas zu jung. Mama findet das wohl auch und zieht sich schnell die Manduca an. Sie macht mich vor ihrer Brust fest und watet so schnell es geht mit mir durch das Meer. Ich schreie Papa noch hinterher, er solle sich um meinen Wagen und die darin deponierten Lieblingsspielsachen kümmern. Als Mama das Wasser bis zum Bauch geht, beschließe ich spontan, ihr zu helfen. Surfen und tauchen kann ich vielleicht noch nicht – aber rudern! Ich paddele wie wild mit meinen Armen im Meer. Mama tut es mir gleich und wir schalten auf Vierarmantrieb. Wir kommen schneller vorwärts und kämpfen tapfer mit den Fluten. Kurze Zeit später ist Land in Sicht. Die Felswand macht einen Knick und der Sandstrand wird wieder sichtbar. Mama und ich sind ganz schön aus der Puste, als wir uns an den Strand setzen. Papa und ein fremder Mann tragen mein Gefährt über ihren Köpfen durchs Wasser zu Mama und mir.

Nach dem Schreck verspricht mir Mama, heute Abend Fischstäbchen zu braten. Papa will mir Geschichten von Käpt'n Iglo erzählen bis ich eingeschlafen bin. Und im nächsten Urlaub möchte ich richtig rudern lernen.

An unserem Hochzeitstag planen wir, abends in Conil Essen zu gehen. Da dies jedoch nicht zum aktuellen Rhythmus von Leona passt, gehen wir stattdessen nachmittags zu unserem favorisierten Chiringuito am Strand. In dem kleinen Restaurant am Strandabschnitt La Fontanilla gibt es nicht nur einen tollen Weitblick über den langen Atlantikstrand und frisch gegrillten Fisch, sondern auch unschlagbar günstige und köstliche Tapas: Boquernos (Sardinen), Papas Bravas (Kartoffeln), russischer Salat, gegrilltes Gemüse, spanische Tortilla. Und natürlich Oliven aller Art. In Spanien gibt es wahrscheinlich mehr Zubereitungsarten für Oliven als Käsesorten in der Schweiz oder Nudelgerichte in Italien. Grüne und schwarze, salzige und eher süßere, mit und ohne Stein. In Knoblauch eingelegt und mit Mandeln, Paprika, Lachs oder Thunfisch gefüllt. Ein Blick in den lokalen Supermarkt zeigt, dass sich die Liste noch eine Weile fortsetzen ließe.

Wir bestellen verschiedene Tapas. Leona fängt gerade an, bei uns mitzuessen und schaut neugierig auf den Teller mit Oliven. Aus Spaß reiche ich ihr eine halbe Olive, welche sie nur kurz und skeptisch anguckt. Und verschlingt! Wir schauen uns verdutzt an und fragen uns, ob sie mit zehn Monaten Oliven essen darf oder sollte. Leona beantwortet unsere Frage mit einem ungeduldigen „meme, meme" – was soviel heißen soll wie „mehr davon – sofort!".

Ohne die weitere Entwicklung unserer kleinen Protagonistin vorweg nehmen zu wollen, sei nur gesagt, dass sie an diesem Tag olivensüchtig wurde. Tatsächlich ergeben spätere Recherchen, dass sie nicht das erste und einzige Baby mit diesen kulinarischen Vorzügen ist. Und dass Oliven auch nicht gesundheitsschädlich sind. Zumindest in Maßen. Womit wir beim eigentlichen Problem wären. Leona futtert seit diesem Tag Oliven ohne Punkt und Komma, wenn man das Angebot nicht verknappt. Wir reduzieren unseren Olivenkonsum und essen diese „heimlich" abends oder tagsüber wenn Leona schläft. Wir sind nämlich selbst latent olivensüchtig. Aber seit Leona sich mit ihren kulinarischen Gelüsten uns angeschlossen hat, haben wir immer einen kleinen Vorrat im Kühlschrank. Auch um ein probates Mittel gegen eventuelle Missstimmungen in Petto zu haben. Seit der Entdeckung von Leonas Olivenmanie scheint klar, dass weitere Urlaube nach Spanien und Andalusien unter einem guten Vorzeichen stehen. Am Abend witzeln wir in unserem Apartment, dass Leona eines Tages vielleicht mal einen andalusischen Olivenbaron heiraten wird.

Am letzten Tag in Conil sind es für die Gegend am Atlantik ungewöhnliche 37 Grad. Es ist so heiß, dass wir uns tagsüber mit Leona in unserem Apartment verbarrikadieren. Anne und ich kühlen uns abwechselnd im Pool ab.

Gegen 17 Uhr trauen wir uns an den Strand, der um diese Zeit extrem gut besucht ist. Wir platzieren uns samt Sonnenschirm inmitten der zumeist spanischen Familien, die für das Wochenende nach Conil gekommen sind. Leona sitzt im Sand und macht sich mit Eimer und Schaufel ans Werk. Interessanter als der Bau einer Sandburg scheinen jedoch die vielen Kinder und Erwachsenen um uns herum. Wir machen eine zunächst wortlose Bekanntschaft mit einer spanischen Großfamilie. Die Kinder strecken Leona zuerst nacheinander und dann gemeinsam die Zunge raus. Anscheinend eine besondere Art der nonverbalen Kommunikation, gefolgt von Lächeln beider Parteien. Plötzlich streckt das weibliche Familienoberhaupt ihre Arme aus. Und hält kurz darauf die lächelnde Leona in ihren Armen. Sie reicht unsere Tochter wie einen Wanderpokal von einem Familienmitglied zum nächsten. Mobiltelefone werden gezückt und Leona kurzzeitig zum Fotomodell. Sie schaut eingangs etwas skeptisch, genießt dann jedoch ihre plötzliche Prominenz. Das Eis ist gebrochen und wir freunden uns mit der Familie an. Danach spielen die großen Kinder mit Leona im Sand und helfen dabei, ihre erste richtige Sandburg zu bauen. Wir freuen uns über die kostenlose Strand-Kita, lehnen uns zurück und genießen den Sonnenuntergang. Leona vergisst uns für eine Weile und übt sich mit den älteren Kindern als kommende Strandarchitektin. Strandaufenthalte in Spanien mit Baby sind toll!

Am Tag unserer Abreise wird es logistisch etwas aufwendiger. Da wir den Mietwagen abgegeben haben und die lokalen Taxis unverschämte 99 Euro für die 45-minütige Fahrt bis zum Flughafen nach Jerez verlangen, begeben wir uns mit öffentlichen Verkehrsmitteln zum Flughafen. Wir nehmen ein Taxi zur lokalen Bushaltestelle, fahren mit dem Bus kreuz und quer durch die Dörfer zum Bahnhof in Jerez, wo wir in den Zug zum Flughafen umsteigen. Der Flughafen in Jerez ist mit 5-10 Abflügen täglich einer der kleinsten, den ich je gesehen habe. In Europa zumindest. Wir machen es uns im Flughafenrestaurant gemütlich. Leona ist ziemlich aufgedreht und nimmt den Serviettenspender in Beschlag. Sie zupft in Windeseile circa 100 Servietten heraus und wirft mit diesen um sich wie ein Millionär mit Geldscheinen. Papa und Mama räumen das ja sicher wieder auf, denkt sie sich wohl. Kurze Zeit später sitzen wir im Vogel und flattern in Richtung Heimat. Wir lassen unsere Tour noch einmal Revue passieren und beschließen, alsbald wieder nach Andalusien zu reisen.

Städteurlaub in Barcelona

Leona ist inzwischen elf Monate alt, hat sechs Zähne, ist meistens gut gelaunt und extrem mobil, sowohl krabbelnd auf allen Vieren als auch hopsend auf ihrem Popo. Unsere letzte Elternzeitreise führt für knapp einen Monat nach Katalonien und in die spanische Metropole Barcelona. Wir verbinden gleich mehrere neue Reiseerfahrungen miteinander. Zum einen verbringen wir einen längeren Zeitraum in einer europäischen Metropole. In dieser werde ich halbtags als Deutschlehrer am Goethe-Institut hospitieren. Zum anderen testen wir das Reisen mit den Großeltern, die uns ein paar Tage in Barcelona besuchen kommen. Und nicht zuletzt treffen wir ein befreundetes Paar samt einjährigem Sohn auf ihrer Hochzeitsreise und verdoppeln zeitweise unsere Babypacking-Manpower auf vier Erwachsene und zwei Babys. Jedoch eins nach dem anderen.

Wir fliegen mit einem renommierten Billigflieger direkt von Köln nach Barcelona. Trotz Hochsaison ist die Hin- und Rückreise zu gut verträglichen Zeiten mit unter 200 Euro pro Erwachsenen durchaus erschwinglich. Erneut buchen wir keine Sitzplätze und pokern, dass wir nicht getrennt werden. Schlussendlich sitzen wir auch bei unserem sechsten und siebten Flug mit Leona zusammen. Und erhalten zudem einen dritten Sitzplatz für Leona gratis hinzu. Der neben uns platzierte Geschäftsmann setzt sich nach dem Start freiwillig um. Wer will nach einem Businessmeeting schon gerne neben einem Baby sitzen? Auf der Rückreise übrigens das gleiche Spiel bei unserem jüngeren Sitznachbarn mit beachtlichen Augenringen, der nach einer durchfeierten Nacht doch lieber seine Ruhe hat. So haben wir den Luxus einer Dreierreihe für uns und unsere designierten Sitznachbarn einen angenehmen Flug.

Der Nachmittagsflug verläuft problemlos, auch wenn Leona inzwischen deutlich aktiver ist als noch vor vier Monaten. Sie schläft weniger, will ständig durch die Gegend krabbeln und mit anderen Leuten Kontakt aufnehmen. Es wird nochmals deutlich, dass es nicht leichter wird, mit Babys und Kleinkindern zu fliegen, wenn sie älter werden. Die Familie in der Reihe hinter uns reist mit drei Kindern. Während die Mutter das Baby stillt, ist der Vater fast den gesamten Flug damit beschäftigt, Streit zwischen den beiden vier und sechs Jahre alten Jungs zu schlichten. Andere Eltern besänftigen ihre Kleinen mit Videos vom Tablet-Computer. Das geht aber nur solange gut, wie sich die Kleinen auf einen Film einigen können. Sonst müssen schon zwei Geräte her. Oder vielleicht besser gar keins.

Barcelona ist aktuell die Szenemetropole Europas schlechthin. Kein Wunder, treffen doch Kultur, Musik und Architektur erster Klasse auf eine atemberaubende Landschaft und einen der schönsten Stadtstrände Europas. Dies hat natürlich auch Auswirkungen auf den Immobilienmarkt. Die Mieten sind in Barcelona überdurchschnittlich hoch – trotz spanischer Wirtschaftskrise und Immobilienblase. Auf Grund mangelnder Einkommensmöglichkeiten bieten viele Bewohner ihre Erst- oder Zweitwohnung zur Untermiete bei Buchungsportalen wie Airbnb an. Die Hoffnung auf eine günstige Bleibe mitten im Leben der Großstadt wird jedoch alsbald zunichte gemacht. Ein babytaugliches Apartment mit mindestens zwei Zimmern in zentraler Lage gibt es erst ab 60-70 Euro pro Tag. Da wir drei Wochen bleiben wollen, addieren sich die potentiellen Mietkosten auf über 1.200 Euro.

Zum Glück ist vor kurzem mein alter Freund Theo nach Barcelona gezogen. Als er von unserer Wohnungssuche erfährt, plant er netterweise kurz nach unserer Ankunft mit seiner Freundin Francie auf Reisen zu gehen. So können wir seine Wohnung gegen eine großzügige Spende in die Haushaltskasse beziehen.

Nach unserer Landung am Flughafen von Barcelona werden wir von Theo mit öffentlichen Nahverkehrsmitteln abgeholt. Kostet nur einen schlappen Euro und geht ja auch ganz fix, meint Theo. Zunächst in den lokalen Bus und dann noch zweimal mit der Metro fahren. Es stellt sich heraus, dass Theo seine Rechnung ohne Leona gemacht hat. Die Fahrt mit dem Bus ist zunächst kein Problem. Abgesehen davon, dass Leona nach dem Flug keine Lust mehr hat, mit dem riesigen Ungetüm an jeder Milchkanne zu halten und dies lautstark kundtut. Die eigentliche Herausforderung beginnt erst am Plaza de España, wo wir in die Metro umsteigen. Die vielen Treppen sind mit Koffern, Handgepäck und Kinderwagen kaum zu bewältigen. Das Tragen der 20 Kilogramm schweren Koffer kann man noch als sportliche Betätigung werten. Entscheidender ist aber, dass zu zweit die Aufsicht über Leona im Kinderwagen und Gepäck unmöglich wäre. Wenn man gemeinsam den Kinderwagen die Treppe herabträgt, muss man zwangsläufig sein Gepäck oben stehen lassen. Und dies ist in der Hauptstadt der Taschendiebe nur bedingt empfehlenswert (hierzu später mehr).

Mögliche Lösungen bestehen darin, sich entweder – wie wir – eine dritte Person zu suchen oder sein gesamtes Gepäck auf dem Rücken zu tragen und gleichzeitig den Kinderwagen samt (schreiendem?!) Baby die Treppen rauf und runter zu hieven. Hier würde dann der sportliche Teil wohl enden. Die eleganteste Lösung scheint, im Vorfeld genau zu wissen, ob und wo genau an den Stationen Aufzüge vorhanden sind. Die Metro in Barcelona ist barrierefreier als die in anderen Großstädten, jedoch leider noch nicht flächendeckend.

Als wir die ersten Treppen gemeistert haben, muss Theo eingestehen, dass Babypacking doch nicht so einfach von der Hand geht wie Backpacking. Und noch sind wir nicht in seiner Wohnung im Stadtteil Gràcia angekommen, wie Leonas Bericht von dieser und anderen Metrofahrten zu erkennen gibt.

Baby Parcours durch die Metro

Leona erzählt

Was ist denn das für ein wildes Geschaukel in meinem Leona-Mobil? Und warum geht's ständig treppauf treppab? Da können wir doch direkt oben auf der Straße bleiben! Dann müssten Papa und Mama auch nicht die Koffer und Taschen im Schweiße ihres Angesichts tragen. Und dann diese ewig langen und stickigen unterirdischen Gänge. Also eine Reise in die Unterwelt von Barcelona habe ich nun wirklich nicht gebucht! Ich sage Mama, dass ich wie all die anderen nicht auch noch Geld für das Getümmel und Getöse dieser Geisterbahn bezahle!

Papa und Mama kaufen dennoch ein Ticket und rollen mit mir in Richtung Metrogleis. Papa steckt sein Ticket in einen Schlitz und passiert eine Schleuse. Mama und ich wollen folgen, jedoch passt mein Gefährt nicht hindurch! Kurze Diskussion und Papas Fahrt ist schon beendet ohne in die Metro überhaupt eingestiegen zu sein. Er kommt durch die Schranke zurück und montiert meine Hinterreifen vom Kinderwagen ab. Dann rollen wir auf meinen Vorderreifen hindurch und Papa stellt den Urzustand meines Leona-Mobils wieder her. Danach nochmals Treppengeschaukel und eine kurze Fahrt mit dem Aufzug. Auf dem Gleis ist eine Bullenhitze. Dafür entpuppt sich der Metrowagon selbst als fahrender Kühlschrank. Wahrscheinlich damit niemand den Schweiß von all den Papas und Mama riechen muss, die mit Kinderwagen unterwegs sind. Wie es nach dem Ausstieg verläuft, könnt ihr Euch sicher vorstellen. Wollen wir hoffen, dass nicht jede Fahrt so ein Theater wird, sonst fang ich umgehend an zu laufen und gehe demnächst lieber zu Fuß.

Nach unserer ersten Fahrt mit der Metro vom Flughafen haben wir unsere Lektion gelernt. Erstens werden wir bei unserer Rückreise ein Taxi zum Flughafen nehmen. Zweitens merken wir uns genau, welche Stationen barrierefrei sind. Bei Bedarf sind wir nur mit der Babytrage unterwegs. Es stellt sich heraus, dass an den meisten für unseren Alltag relevanten Stationen Aufzüge vorhanden sind. Und es fast überall breitere Durchgangsschranken für Rollstühle und Kinderwagen gibt. Alternativ zur Metro nutzen wir auch das ziemlich undurchsichtige Bussystem. Die Busse brauchen zwar länger, wir haben aber keine Schwierigkeiten beim Ein- und Ausstieg. Zudem genießen wir natürlich eine spannendere Aussicht als im unterirdischen Metrosystem.

Nachdem der Metro-Parcours erfolgreich absolviert ist, erblicken wir beim Ausgang der Station Fontana unser zukünftiges Wohnviertel Gràcia. Wir laufen mit Theo durch die Altstadtgassen zu seiner Wohnung. Diese liegt im siebten Stock eines schönen Altbaus. Zum Glück gibt es einen kleinen Aufzug, in welchen das Leona-Mobil exakt reinpasst. Neben drei kleinen Zimmern gibt es eine phänomenale Dachterrasse. Der unverbaute Blick über die Stadt zieht uns erst mal die Schuhe aus. Bei Temperaturen um die 30 Grad legen wir auch weitere Klamotten ab, bevor wir unsere Koffer auspacken und uns einrichten. Auch Leonas Bett ist im Handumdrehen aufgebaut. Sie schläft die nächsten Wochen in ihrem Reisezelt, einer extrem praktischen Erfindung aus Holland. Das Wurfzelt, welches als Reisebett konzipiert ist, wiegt nur zwei Kilo und nimmt kaum Platz weg. Es kann entweder als zusätzliches Handgepäck mitgenommen oder im Koffer verstaut werden. Das Reisezelt ist immer dann nützlich, wenn man mal auswärts übernachtet – sei es bei Freunden, Großeltern oder auch auf Reisen. Besonders vorteilhaft ist, dass wir das Zelt auf dem Boden neben dem Bett platzieren und per Reisverschluss zumachen können. Leona ist inzwischen zu mobil, um sie zum Einschlafen allein in unser Bett zu legen.

Katalanische Flaggen, Barcelona

Nach der ersten Nacht verabschieden sich unsere Gastgeber und wir haben die Wohnung für uns alleine. Das gilt jedoch nicht für die Stadt am Mittelmeer. Kamen bis in die achtziger Jahre vor allem Lebenskünstler und Kulturliebhaber nach Barcelona, zieht die Stadt spätestens seit den Olympischen Spielen 1992 immer mehr Touristen mit ihrem sonnigen, mediterranen Charme und ihrer modernen Kunst- und Architekturszene in den Bann. Der Barça-Boom verhilft der Stadt zu nicht unerheblichen Einnahmen im Tourismus-Sektor. Die Popularität geht inzwischen jedoch soweit, dass sich viele Katalanen in ihrer eigenen Stadt nicht mehr wohl fühlen. Nicht umsonst gibt es den Spruch, dass die Touristen über die Rambla flanieren und die Einheimischen die Rambla lediglich kreuzen. Das anliegende Barri Gòtic mit seinen mittelalterlichen und bezaubernden Gassen und der schönen Kathedrale gleicht immer mehr einem Rummelplatz, durch den sich die Massen wühlen. An jeder Ecke werden vermeintlich authentische Küche und Flamencoshows feilgeboten. Die größten Sehenswürdigkeiten, zu denen Gaudis unvollendetes Meisterwerk La Sagrada Família, der Park Güell, der Mikrokosmos Montjuic und natürlich die Ramblas sowie Strand und Olympiahafen an der Barceloneta zählen, werden inzwischen von Menschenmassen regelrecht überrannt. Eintrittskarten müssen entweder im Vorfeld online erworben werden oder man stellt sich mit den zahlreichen Reisegruppen geduldig in die Schlange. Mit Baby sicher nur bedingt ein Vergnügen.

Natürlich sind die vorgenannten Attraktionen deswegen so stark besucht, da sie äußerst sehenswert sind. Die Architekten des Modernismus, als katalanische Variante des europäischen Jugendstils bekannt, nutzten gewagte Kombinationen von Materialien wie Kacheln, Backstein, Glas, Eisen und Stahl. Dieser eigene katalanische Baustil wurde durch zahlreiche Stilrichtungen wie Gotik, Islam, Renaissance, Romantik, Barock und Byzanz beeinflusst. Die entstandenen teilweise surrealen Prachtbauten sind spektakulär und locken inzwischen jährlich über drei Millionen Besucher ins Zentrum der Stadt.

Wir sind froh, nicht in einem der Hotels im überlaufenen Zentrum, sondern einer privaten Unterkunft im noch ursprünglich wirkenden Stadtteil Gràcia zu wohnen. Gràcia war im 19. Jahrhundert für seine republikanische und liberale Haltung bekannt, in den siebziger Jahren wurde es zu dem Stadtteil für Radikale und Bohemiens. Heute ist Gràcia bürgerlicher, die etwas rebellische Aura ist jedoch erhalten geblieben. Katalanisches Lebensgefühl wird hier groß geschrieben. Die von den Balkonen hängenden rotgelbgestreiften Flaggen demonstrieren, dass es die Katalanen mit ihren Autonomiebestrebungen durchaus ernst meinen. In das boheme Viertel finden natürlich auch Touristen ihren Weg, jedoch eher Individualreisende, ausländische Studenten und solche Besucher, die länger in der Stadt bleiben und nicht nur schnell die Highlights abhaken. Gràcia besticht durch seinen Baustil, seine gut erhaltene Architektur und seine quadratisch angelegten Gassen, die immer wieder auf zahlreichen kleinen Plazas münden. Frühere kleine Werkstätten wurden mit der Zeit in individuelle Geschäfte, Cafés und Ateliers umfunktioniert. Tagsüber und abends trifft man sich auf den Plätzen und genießt hervorragende lokale Tapas. Die Kinder spielen Fußball und eifern ihren Vorbildern vom FC Barcelona nach. Gràcia wirkt insgesamt wie eine Stadt in der Stadt. Viele Bewohner verlassen das Viertel immer nur dann, wenn sie zur Arbeit müssen oder an den Strand wollen. Nachdem wir einmal im Getümmel des Barri Gòtic gewesen sind, ziehen auch wir es vor, einfach mit dem Kinderwagen oder der Babytrage durch die schattenspendenden, engen Straßen von Gràcia zu spazieren und das lokale Flair auf uns wirken zu lassen.

Neu auf dieser Reise ist auch, dass uns die Großeltern von Leona, Franz und Regina, besuchen. Sie haben sich für eine knappe Woche in einem Hotel im Zentrum eingebucht und kommen uns tagsüber häufig besuchen. Sie sind von unserem „lokalen" Leben in einer privaten Unterkunft und der unmittelbaren Umgebung sehr angetan. Die größte Sehenswürdigkeit für sie ist aber ohnehin Leona. Entsprechend wird die Stadt bzw. die Reise kurzerhand in Barceleona umbenannt. Regina durchstöbert und plündert die Kinderboutiquen. Franz macht unentwegt Photos und Videos von Leona, wodurch er sich in Anlehnung an die Paparazzi der Regenbogenpresse den Spitznamen „Oparazzi" verdient. Einen Abend passen die Großeltern auf Leona auf. Anne und ich erkunden für ein paar Stunden das Nachtleben von Gràcia. Fühlt sich zum einen irgendwie nach Freiheit, zum anderen aber auch nach Unvollständigkeit an, wenn man es nicht mehr gewohnt ist, kinderlos unterwegs zu sein.

Auch wenn wir unseren Tagesablauf mit den Großeltern abstimmen müssen, ist der Besuch für alle ein Gewinn. Da wir nun seit einigen Monaten immer wieder für längere Zeit verreisen, fühlen wir uns unterschwellig der Enkelkindesentführung bezichtigt. Verständlicherweise wollen Oma und Opa Leona gerne bei ihrer Entwicklung begleiten und sie nicht nur drei Mal in sechs Monaten sehen. Wir möchten aber auch nicht aufs Reisen in der Elternzeit verzichten. So wird durch unseren gemeinsamen Aufenthalt in Barcelona aus der Enkelkindesentführung ein kleines Abenteuer für die Großfamilie.

Eines Morgens spazieren wir alle gemeinsam durch Gràcia. Oma und Opa streiten darum, wer den Kinderwagen mit Leona schieben darf. Anne und ich trotten mit einem zufriedenen Lächeln hinterher. Unser Weg führt nach einer kurzen Busfahrt in den Norden von Gràcia in

den Park Güell, in welchem sich Gaudí als Landschafts-
architekt austobte. Die einst als Ministadt für Reiche ge-
dachte hinreißende Grünanlage eignet sich hervorragend
zum Flanieren. Leider ist der zentrale Aussichtspunkt mit
der viel fotografierten gekachelten Banc de Trencadis und
dem Gaudí-Museum seit einigen Jahren nicht mehr kostenlos zugänglich. Erneut treffen wir auf die schon er-
wähnten Menschenmassen und Schlangen am Ticket-
schalter. Daher ziehen wir es vor, im kostenlosen Bereich
des Parks zu bleiben und steuern alsbald einen schattigen
Spielplatz an.

Schaukeln im Park Güell

Leona erzählt

Im Reiseführer steht, dass der Park Güell der größte
Spielplatz Gaudís gewesen sein soll. Also nichts wie hin!
Als wir ankommen, bin ich zunächst enttäuscht. Ich sehe
fast nur Skulpturen, Springbrunnen und Gebäude. Hinter
dem Eingang grinst mich ein freundlicher Drache aus
Mosaiksteinen an. Den hab ich schon mal in einem meiner Bücher gesehen. Ich deute mit meinem Zeigefinger
darauf und sage laut ‚Da!'. Oma und Opa schieben mich
durch die Parkanlage. Ich schaue mir die großen Palmen
an, die mich an frühere Reisen mit Mama und Papa erinnern. Irgendwann reicht es mir dann aber und ich mache
ein wenig Rabatz. Oma und Opa sind echt auf Zack, rea-
gieren sofort und fahren mit mir zum nächsten Spielplatz.
Das lob ich mir! Der Sandstrand ist hier aber viel, viel
kleiner als der am Meer. Schon wieder so eine Enttäu-
schung. Dafür geh ich aber zum ersten Mal alleine auf die
Schaukel. Naja, zumindest fast. Oma und Opa halten
mich fest und schubsen mich sanft an. Einer hin und einer
her bzw. einer links und einer rechts. So gibt es diesmal

auch keinen Streit. Beide sind ganz entzückt und wir haben Spaß.

Beim Schaukeln lerne ich andere Kinder aus Spanien kennen. Wir grinsen und quieken uns gegenseitig an, während wir von Omas, Opas, Mamas und Papas angeschubst werden. Wir verstehen uns prächtig, auch ohne Fremdsprachenkenntnisse und Dolmetscher. Unsere Babysprache ist nämlich global! Daher werden die Großen auch nie erfahren, worüber wir uns auf den Schaukeln amüsiert haben. Und du auch nicht, lieber Leser! Dennoch möchte ich gerne mehr Spanisch lernen, um später noch besser mit den großen Kindern reden zu können. Papa verspricht mit mir heute Abend noch mal meine spanischen Kinderbücher vorzulesen.

Leonas Großeltern reisen nach fünf Tagen Aufenthalt und ordentlicher Dosis Enkelkind weiter und entspannen noch eine Woche an der Costa de la Luz im Süden Spaniens. Wir sind dankbar für die schöne Zeit und kehren in den Dreiermodus und unseren katalanischen Alltag zurück.

Barcelona vibriert und pulsiert 24 Stunden am Tag. Was für uns eine Befeuerung der Sinne, ist für Leona irgendwann eine Reizüberflutung, vor allem wenn wir doch mal durch die touristisch hoch frequentierten Gegenden ziehen. Die Vielzahl an Menschen, Geräuschen, Gerüchen und Eindrücken ist für Leona nur schwer zu verarbeiten, wie sich v.a. beim abendlichen zu Bett bzw. zu Zelt gehen zeigt. Sie übt sich im Schnellkrabbeln und saust wie eine wilde Hummel durch die Wohnung und übers Bett, kreischt und lacht. Für uns drei ist das ein großes Vergnügen, das wir sehr genießen. Allerdings ist Leona danach immer etwas aufgedreht. So dauert die Einschlafprozedur hier in Barcelona doppelt so lange wie wir es von zuhause oder anderen Reisen gewohnt sind. Anne und ich versuchen, Leona das Einschlafen so angenehm wie möglich zu machen und dieses sanft einzuleiten. Wir lassen sie in der Babybadewanne planschen, damit sie müde wird.

Wir lesen mit Leona Kinderbücher, sowohl auf Deutsch als auch auf Spanisch. Wir haben in den ersten Tagen in Barcelona ein Buch namens „La Abeja Rayitas" („Die Streifchenbiene") gekauft. In der Mitte aller Seiten ist ein Loch, in welches eine kleine Fingerpuppe aus Stoff eingearbeitet ist. Leona liebt dieses Buch genauso wie das bereits in Malaga gekaufte „El Patito" („Das kleine Entlein"). Da wir nun schon seit mehreren Monaten im spanischsprachigen Raum unterwegs sind, soll Leona etwas mehr mit ihrer ersten „Fremdsprache" in Berührung kommen. Da ich zwar fließend Spanisch spreche, es aber nicht meine Muttersprache ist, beabsichtigen wir damit keine bilinguale Erziehung. Es geht vielmehr um ein temporäres, spielerisches Näherbringen der spanischen Sprache und Kultur. Und vor allem um Unterhaltung und ganz viel Spaß.

Wenn Leona abends schläft, verbringen wir den Rest des Tages auf unserer Dachterrasse. Wir genießen den atemberaubenden Panoramablick über die Stadt, die Sagrada Familia von Gaudí, den Montjuic und die zahlreichen anderen Bauwerke. Umliegend befinden sich etliche weitere Dachterrassen, auf denen Leute ihre Wäsche aufhängen, kunstvoll ihre Fahrräder befestigen und Spielplätze für ihre Kleinen angelegt haben. Abends werden einige Terrassen in Lounges umfunktioniert auf denen sich Freunde, Familie und Kollegen versammeln, grillen, feiern und Cocktails schlürfen. In der Ferne ist das Mittelmeer zu erkennen. Wenn die Sonne untergeht wird die Bergkette der Serra de Collserola mit dem Tibidabo, der

Hausberg Barcelonas, hell erleuchtet. Im Gesamtbild ergibt sich ein Schauspiel prallen Lebens einer der aufregendsten und schönsten Großstädte überhaupt, interaktives Kino sozusagen. Abends hören wir durch die geöffneten Fenster eine sanfte, nicht genauer definierbare Geräuschkulisse von scheinbar Tausenden von Stimmen, die sich auf ihrem Weg von den Straßen, Plazas und Dachterrassen in ein Stadtrauschen verwandeln, bei dem es sich überraschend gut schlafen lässt.

Über den Dächern von Barcelona

Zwei Wochen unseres Aufenthalts in Katalonien verbringe ich halbtags am renommierten Goethe-Institut in Barcelona. Im Rahmen einer Weiterbildung im Bereich „Deutsch als Fremdsprache" absolviere ich eine Hospitation. Ich assistiere auf verschiedenen Niveaus, erstelle Lehrmaterialien und darf einige Unterrichtseinheiten selbst durchführen. Ich bin dankbar für die spannende

Erfahrung, junge spanische Erwachsene in Deutsch zu unterrichten.

Spanien war und ist für die Deutschen das gelobte Land, was den Urlaub anbelangt. Andererseits interessieren sich aktuell viele Spanier auf Grund der Wirtschaftskrise in ihrem Land für den deutschen Arbeitsmarkt oder zunächst ein Studium an einer deutschen Universität. Dies erklärt, warum die Anzahl der Deutschlernenden in Spanien in den letzten Jahren enorm zugenommen hat. Dieser Trend zeigt, dass Mobilität schon lange nicht mehr nur Urlauber und global agierende Firmen, sondern auch Studierende, Wissenschaftler und Arbeitskräfte betrifft. Meines Erachtens ist dies eine gute Entwicklung, da sich auf diesem Weg – sehr verkürzt dargestellt – Fachkräftemangel und Arbeitslosigkeit international ausbalancieren können. Wichtig hierbei ist, dass nicht alle Fachkräfte dauerhaft ihr Land verlassen, sondern eines Tages berufserfahren zurückkehren und internationale Kontakte ausbauen. Differenziertere Ausführungen zu diesem Thema wären sicher angebracht, würden jedoch zu weit vom eigentlichen Titel dieses Buches wegführen, weshalb ich es hierbei belassen möchte.

Wenn ich nicht arbeiten muss, wollen wir natürlich möglichst ausgiebig die Stadt erkunden. Ein Besuch des Montjuics mit der Zahnradbahn steht ganz oben auf unsere Liste. Leider entwickelt sich der Ausflugstag jedoch ganz anders als geplant.

Haltet den Dieb!

Leona erzählt

Papa hat heute Vormittag frei und muss erst am Nachmittag Deutsch unterrichten. Daher hat er mir und Mama versprochen, zum Montjuic zu fahren. Und zwar mit einer Bahn, die Räder aus Tausenden von Zähnen hat! Das muss der Bahn aber ganz schön weg getan haben, so viele Zähne zu kriegen. Ich habe jetzt fünf und das war kein Babykrabbeln am Strand!

Zuerst geht es wieder in die Metro. Inzwischen sind Mama, Papa und ich schon echte Profis. Während der Fahrt liege ich in meinem Leona-Mobil und schaue die vielen Menschen um mich herum an oder albere mit Papa und Mama. Dann steigen wir aus und nehmen die Rolltreppe zur Bahn der tausend Zähne. Papa und Mama steigen mit mir in den Wagon. Alle sind gut gelaunt. Bis Papa seinen Rucksack abnimmt und bleich wie Milchbrei wird. Das vordere Fach seines Rucksacks ist offen und das Portemonnaie nicht mehr da! Papa fängt ungefähr so an zu fluchen, wie ich es abends mache, wenn ich nicht schlafen will. Mama bleibt recht cool und brabbelt auf Papa irgendwas mit Karten sperren ein, der sich – ganz der Profi – selbst als Amateur beschimpft und in seinem Rucksack wühlt.

Dann will Papa plötzlich zur Verfolgungsjagd ansetzten. Endlich mal wieder richtig Action! Wenn's sein muss, brüll ich den Dieb solange und so laut an, bis er uns das Portemonnaie zurückgibt. Dann lässt Papa sich allerdings von Mama überzeugen, dass es aussichtslos ist, den oder die Unbekannte zu suchen. Also fahren wir nach oben auf die Straße und flüchten uns in ein Café. Papa führt über eine halbe Stunde lang Telefonate. Oh Mann! Jetzt ist der Dieb sicher über alle Berge. Ganz schwache Vorstellung, denke ich.

Abends in meinem Schlafzelt haben Papa und ich eine lustige Idee. Wir wollen morgen früh meine volle Windel im Vorfach des Rucksacks deponieren. Hat in etwa das gleiche Format wie Papas altes Portemonnaie. Dann sollen die Diebe ruhig noch mal zuschlagen, wünschen wir uns, lachen und quieken bei dem Gedanken an den morgigen Tag. Wir wollen einen zweiten Versuch starten und mit der Bahn der tausend Zähne auf den Montjuic fahren.

Der Diebstahl meines Portemonnaies wirft natürlich die komplette Tagesplanung über den Haufen. Zunächst gilt es alle Karten zu sperren. Irgendwie beruhigt mich das zügige, mechanische Telefonieren mit den verschiedenen Banken. Noch nie habe ich so schnell und effizient Telefonate mit Dienstleistern in Deutschland geführt. Beim Sperrservice gibt es kaum Wartezeiten und alles läuft reibungslos.

Danach ärgere ich mich vor allen Dingen über mich selbst und ob meiner Naivität, das Portemonnaie, gefüllt mit sämtlichen Bankkarten, in der Metro hinten in den Rucksack zu packen. Obgleich die Geldbörse durch zwei Reißverschlüsse gesichert war, ist es natürlich ein Kinderspiel für die Diebesbanden, mich zu erleichtern. Die Metro ist genau wie die Ramblas, der Strand und die Umgebung der anderen Top-Highlights das Hauptbetätigungsfeld der Taschendiebe. Barcelona gilt als die europäische Hauptstadt der Trickbetrüger. Dies wird mir auf der Polizeistation am Plaça de Catalunya noch deutlicher, da ich mein Schicksaal zu diesem Zeitpunkt mit über 30 weiteren Touristen teile. Sehr beliebt scheint neben dem Entwenden von Portemonnaies das Klauen von Mobiltelefonen zu sein, welche Touristen im Café unbeobachtet auf ihren Tischen liegen lassen.

Für das Erstatten der Anzeige gibt es vorgefertigte Formulare in allen möglichen Sprachen. Irgendwie erinnert mich das Vorgehen an das Ausfüllen von Einreisedokumenten in außereuropäischen Ländern. Nur dass ich 20 Minuten später kein Visum, sondern einen Polizeibericht in der Hand halte. Mit diesem mache ich mich am nächsten Tag auf in das deutsche Konsulat in Barcelona, um neue Reisedokumente zu beschaffen. Das Konsulat liegt in Strandnähe im 31. Stock eines Hochhauses und bietet einen sensationellen Ausblick über die Stadt und das Mittelmeer. So hat der Diebstahl zumindest doch noch etwas Gutes. Auch wenn ich mir den Schlamassel natürlich gern gespart hätte, wird mir klar, wie wenig man zum Leben und Glücklichsein eigentlich braucht. Gelassenheit und Gesundheit sind sicher wichtiger als ein Portemonnaie voller Kreditkarten. Die restliche Zeit der Reise bekommen wir Geld über Annes Karten. Und auch die Wiederbeschaffung der Dokumente soll sich später in Deutschland als vergleichsweise einfache Übung herausstellen.

Strand und Stadt von oben, Barcelona

An einem Sonntag treffen wir alte Freunde von uns, die ich vor 15 Jahren bei einer Wanderung durch die Chapada Diamantina in Brasilien kennen gelernt habe und die heute in Barcelona leben. Doris und Victor sind ebenfalls von Backpackern zu Babypackern mutiert, haben heute einen dreijährigen Sohn namens Leo, der ihr Leben bereichert und ordentlich auf Trapp hält. Leo! Und Leona! Die beiden müssen sich einfach kennenlernen. Leona krabbelt durch das Spielzeugparadies von Leo und nimmt seine Spielsachen in Beschlag, was der kleine Hausherr zunächst mit Protest, Unwillen und einer Laune quittiert, die an drei Tage Regenwetter erinnert. Kurze Zeit später spielen die beiden jedoch schön gemeinsam.

Im Stadtpark in Barcelona

Wir machen einen Ausflug zum Arco de Triunfo, der dem französischen Nachbarn nachempfunden ist. Auch wenn der Torbogen nicht ganz an das Original herankommt, ist die dazugehörige Flaniermeile hervorragend für Spaziergänge mit Kindern geeignet. Der Boulevard ist autofrei, Künstler unterhalten die Kinder und kreieren riesige Luftblasen. Skater sausen an uns vorbei und es ist überraschenderweise gar nicht so voll, was vielleicht daran liegt, dass der Arco de Triunfo zwar in den meisten Reiseführern steht, aber eben nicht zu den Topattraktionen oder Must-Do's von Barcelona gehört. An den Boulevard schließt sich der Stadtpark Ciutadella, die grüne Lunge Barcelonas, an. Studenten, Familien und Freunde treffen sich hier, relaxen auf den Grünflächen und lauschen einer der vielen Trommelgruppen, die an den verschiedensten Stellen des Parks Position beziehen und spontane Jam-Sessions starten. Leo kennt kein Halten mehr und legt eine für sein Alter beeindruckende Tanzperformance mit anderen Kleinkindern hin. Leona zieht es vor zu schlafen; die progressiven Trommeln scheinen meditativ und beruhigend auf sie zu wirken.

Am Abend findet das historische WM-Finale Deutschland gegen Argentinien statt. Ich hatte nicht damit gerechnet, dass Deutschland bei der WM ins Finale kommen würde. Nun sind wir in Barcelona statt in Köln. Wir schauen das Spiel bei Doris und Victor zuhause. Mit einem elfmonatigen Baby wollen wir nicht in die Menschenmassen der Großstadt und genießen das Spiel lieber in Ruhe bei unseren Freunden. Wir platzieren uns samt Kindern vorm Fernseher. Es wird ein unvergesslicher Abend.

WM-Fieber – Wir sind Weltmeister!

Leona erzählt

Papa ist ganz aufgeregt und will gar nicht mehr mit mir spielen. Er erklärt mir, dass heute Ausnahmezustand ist und ich länger aufbleiben darf. Auch Leo muss nicht schlafen gehen und macht es sich erst mal auf dem Sofa bequem. Als das Spiel beginnt, stellt er sich jedoch demonstrativ mit verschränkten Armen vor den Fernseher. Vielleicht will er einfach alles aus nächster Nähe sehen, vielleicht buhlt er auch einfach um Aufmerksamkeit. Papa und Victor sind gar nicht begeistert, da sie nun kaum noch das Spiel verfolgen können. Und auch ich kann das erste Fußballspiel meiner noch so jungen Fankarriere zunächst nicht richtig sehen.

In der zweiten Halbzeit schläft Leo auf der Couch in den Armen von Doris ein. Endlich freie Sicht für mich, den größten Fußballfan unter der Sonne! Ich feuere die Jungs mit ordentlichem Gebrüll an. Ich kann gar nicht verstehen, warum Mama das irgendwann unterbinden will und mich in das Schlafzimmer von Leo bringt. Das gefällt mir natürlich gar nicht und beantworte dies mit Buhrufen, in der Hoffnung alsbald auf den Platz zurückzukehren. Ich schaffe es immerhin bis zum Beginn der Verlängerung meine Fan-Gesänge aufrecht zu erhalten. Schließlich versagt mir die Stimme und ich schlafe in meinem Kinderwagen ein. So verpasse ich das goldene Tor von Mario Götze, der Deutschland kurz vor Schluss in den siebten Fußballhimmel schießt. Papa legt einen wortlosen Jubeltanz im Wohnzimmer von Doris und Victor hin, um mich nicht aufzuwecken. Hätte Mama mich das Spiel zu Ende gucken lassen, hätte Papa auch ausgiebig und lautstark mit mir feiern können. Beim nächsten Finale bin ich auf jeden Fall bis zum Ende dabei!

Elternzeit in Spanien sieht anders aus. Doris und Victor erzählen, wie es um das Elternsein und den Mutterschutz hier bestellt ist. Die Mutter erhält sechs Wochen vor und 16 Wochen nach der Geburt finanzielle Unterstützung vom Staat (Mutterschutz- bzw. Elterngeld). Doris musste jedoch schon vier Monate nach der Geburt zurück in Ihren Job. Und zwar als Vollzeitkraft. Ansonsten kann der Vertrag einseitig durch den Arbeitgeber beendet werden. Je mehr wir über die hiesigen Elternzeitregeln erfahren, desto mehr lernen wir das deutsche Modell zu schätzen: Frauen dürfen die ersten drei Jahre pausieren ohne ihren Job zu verlieren (wenn sie denn einen unbefristeten Vertrag haben) und Eltern erhalten zusammen bis zu 14 Monate Elterngeld. Da muss man den deutschen Sozialstaat auch mal loben, der es jungen Eltern inzwischen erlaubt, eine intensive Zeit mit ihrem Nachwuchs zu erleben, so dies denn gewünscht und finanziell möglich ist. Und die Arbeitgeber ihren Mitarbeitern keine Steine in den Weg legen.

Nach knapp drei Wochen Aufenthalt in Barcelona fahren wir in Richtung französischer Grenze. Wir besuchen unsere Freunde Anne und Jochen, bei denen wir kurz zuvor auf der Hochzeit in Berlin waren. Ihr designierter Thronfolger Tim, drei Monate älter als Leona, ist natürlich auch mit von der Partie. Wir lassen einen Teil unserer Sachen in Barcelona zurück und machen uns auf den Weg. Wir nehmen den Zug in die Stadt Figueres, die vor allem für ihr Dali-Museum bekannt ist. Der bereits vorbestellte Mietwagen der Kompaktklasse entpuppt sich dieses Mal als logistische Herausforderung. Wir erhalten einen Audi A1, in welchen wir unser ohnehin schon abgespecktes Gepäck mit Mühen verladen. Gut, dass sich der Kinderwagen leicht in Einzelteile zerlegen lässt, ich als Kind gerne Tetris gespielt und schon bei diversen Umzügen mitgeholfen habe. Nach gut 30 Minuten sind Gepäck und Familie im Wagen verstaut. Die Sicht aus dem Beifahrerfenster wird durch unseren Koffer komplett versperrt. Die Fahrt zu unserem Zielort dauert aber zum Glück nur eine knappe halbe Stunde.

Unsere Freunde haben ein größeres Haus im malerischen Ort Rabós gemietet, der ganze 100 Einwohner zählt. Neben einem Garten bietet die Unterkunft – wie soll es auch anders sein – eine große Dachterrasse, von der man einen herrlichen Blick über das kleine Dorf und die umliegende Gegend hat. Mit seinen alten Steinhäusern und verwinkelten Gassen, der einzigartigen Kirche in der Dorfmitte, der alten Steinbrücke über den Fluss Orlina und dem Panorama der majestätischen Pyrenäen bietet Rabós ein Bild ländlicher Idylle. Zudem ist das Naturschutzgebiet der Alber nicht weit. Und auch zur Costa Brava sind es nur gut 20 Kilometer.

Bei Ankunft gibt es natürlich ein großes „Hallo". Tim zeigt Leona seine Spielsachen und neuesten Kunststücke, wie aufs Sofa klettern und darauf rumturnen. Nach einem Rundgang durch das Haus gibt es einen Willkommensdrink. Die Mädels schießen ein lustiges Photos, auf welchem gleichzeitig die Väter an ihren Bierflaschen und Tim an seiner Milchflasche nuckeln. Das Haus hat den großen Vorteil, dass es zwei Etagen hat. Die Schlafzimmer liegen im kühlen Untergeschoss, oben sind das Wohnzimmer und die Dachterrasse. So können wir morgens mit bis zu drei Erwachsenen ausschlafen, während sich einer um die beiden kleinen Frühaufsteher kümmert. Abends können wir in Ruhe im Wohnzimmer kochen, essen und quatschen oder nachts auf der Dachterrasse die Sterne über den Ausläufern der Pyrenäen zählen.

Offensichtlich hat das Reisen zu sechst viele Vorteile. So können Jochen und Anne auf ihrer Hochzeitsreise auch mal in Ruhe gemeinsam ins Meer springen, während wir auf Tim aufpassen. Oder die Mädels gehen gemeinsam shoppen, während die Jungs mit den Kids bei Kaffee oder Bier sitzen. Beim Kochen und Frühstück zubereiten wechseln wir uns ab, sodass es sich für die andere Hälfte ein wenig anfühlt, als sei sie im Hotel.

Dennoch sollte man sich bewusst sein, dass bei Babyreisen mit Freunden nicht alles automatisch einfacher wird, da es gilt die familieneigenen Rhythmen aufeinander abzustimmen. So wechseln sich Leona und Tim gern mit ihren nächtlichen Meldungen ab und tun sich beim Einschlafen schwer. Es gibt Abende, an denen wir erst nach 22 Uhr mit allen Elternteilen zusammensitzen. Wenn wir Ausflüge unternehmen, müssen wir berücksichtigen, wann Leona und Tim ihr Nickerchen machen, da es sich dann natürlich am besten fährt bzw. spazieren gehen lässt. Daher bedeutet eine Reise mit zwei Familien auch das Finden von Kompromissen, was uns jedoch sehr gut gelingt. Vielleicht auch, da wir schon zuvor gemeinsam Urlaube miteinander verbracht haben. Solche Reisekonstellationen sollte man also nur mit Freunden unternehmen, die man gut kennt und mit denen man sich gut versteht.

Das schönste an unserem Aufenthalt in Rabós ist jedoch, dass sich Leona und Tim prächtig verstehen. Sie spielen selbstständig miteinander und sind sich auf Grund früherer Treffen sehr vertraut. Stellenweise haben wir den Eindruck, die beiden würden uns Eltern gern in die Wüste schicken und sich alleine in ihr Zimmer verziehen. Gut, dass die Zwerge noch lange nicht im geschlechtsreifen Alter sind, witzeln wir später am Abend beim gemütlichen Glas Wein.

Tagsüber steuern wir Ausflugsziele in der näheren Umgebung an. Die mittelalterlichen Klosteranlagen und die antiken Ruinen von Empuries sind äußerst sehenswert. Und auch die Strände der Costa Brava sind besser als ihr Ruf, solange man die Wochenenden und die bekanntesten Spots meidet. Am meistens beeindruckt uns jedoch das pittoreske Städtchen Cadaqués am Mittelmeer. Von Figueres aus geht die Fahrt für knapp 35 Kilometer durch das malerische Hinterland der Costa Brava und über unzählige Serpentinen hinab ins Tal. Das weiß getünchte einstige Fischerdorf ist schon lange kein Geheimtipp mehr und für viele das schönste Örtchen an der gesamten Costa Brava. Schmale verwinkelte Gassen ziehen sich an der oftmals von Salvador Dalí in Bildern verewigten muschelförmigen Bucht steil den Hang hinauf. Verzaubert vom mediterranen Bilderbuch-Szenario kaufte der Meister der surrealen Kunst später in der an Cadaqués angrenzenden Bucht von Portlligat einige Fischerhütten und baute diese zu seiner Wohnung und seinem Atelier um.

In Cadaqués angekommen, teilt sich unser Babypacker-Sextett nach einem kurzen Spaziergang in zwei Gruppen. Die Väter schieben Tim und Leona an der Strandpromenade entlang und genießen in den anliegenden Bars hefehaltige Getränke – natürlich mit Rücksicht auf die erlaubte Promillegrenze. Als wir Leona und Tim auf dem Schoß bzw. im Kinderwagen sitzend füttern, ernten wir staunende Blicke der lokalen Bevölkerung und anderer Touristen. Und zwar nicht weil wir Bier trinken, sondern weil gleich zwei Väter alleine mit ihren Kindern unterwegs sind. Im konservativen Spanien sind wir uns am Ende nicht sicher, ob es sich mehrheitlich um Respekt oder Entsetzen handelt. Wie dem auch sei, wir fühlen uns sehr wohl und geben den Mamis nur zu gerne eine Auszeit. Anne und Anne ziehen durch die Gassen von Cadaqués und stürmen die kleinen Galerien und Boutiquen. Kinderloses Shoppen wirkt anscheinend wie Aphrodisiakum auf die jungen Mütter. Mann und Kind sind – wenn auch nur kurz – komplett vergessen, was sich auch darin äußerst, dass die Damen der Schöpfung später als geplant zum Treffpunkt im Strandcafé kommen. Es sei Ihnen gegönnt.

Cadaqués, Katalonien

Für mich ist der Ausflug nach Cadaqués auch eine Zeit-
reise, da ich bereits Mitte der neunziger Jahre während
einer Interrail-Tour dort gewesen bin. Damals haben
mein WG-Bewohner Stefan und ich auf einer winzig
kleinen Insel, auf der es lediglich eine alte Villa gab, gewohnt. Mythen zufolge, soll die Insel früher von Salvador Dalí und seiner Geliebten bewohnt worden sein. Später wurde die Insel jedoch quasi vergessen. Die Villa war
unbewohnt, verfiel und war ohne Fenster, Strom und fließend Wasser. Backpacker und Lebenskünstler machten
sich dies zunutze, besetzten das Haus, rollten ihre Isomat-
ten und Schlafsäcke in der Villa oder direkt am kleinen
Strand aus und übten sich im hippiesken Lebensstil. Somit hat der neuerliche Ausflug nach Cadaqués auch eine
unmittelbare Mission, die im Wiederfinden der Insel besteht. Glücklicherweise waren Anne und Jochen einige
Tage zuvor bereits im Ort und weisen mir zielsicher den

Weg. Es stellt sich raus, dass die Insel in der Zwischen-
zeit von einem Privatinvestor gekauft und saniert wurde.
Es ist ein komisches Gefühl, nach so vielen Jahren an
einen Ort zurückzukehren, mit dem man schöne und au-
ßergewöhnliche Erinnerungen seiner wilden Jugendzeit
verbindet. Ich mache schnell ein paar Photos und schicke
diese per Email an meinen Kumpel Stefan. Dann geht es
zurück nach Rabós.

Nach fünf Tagen endet unsere Babypacking-Erfahrung zu
sechst und wir kehren nach Barcelona zurück. Uns bleiben noch ein paar Tage bis wir nach Deutschland zurück-
fliegen. Dies bedeutet auch das Ende unserer Elternzeit
auf Reisen, da Anne in Kürze wieder arbeiten gehen wird.
Ich komme in den Genuss für gut zwei Monate tagsüber
alleine mit Leona zuhause zu sein. Wie sich herausstellt
auch eine ganz besondere „Reise" – eine ohne wirklich
seine Heimatstadt zu verlassen.

Au Pair Box
Schnell und unkompliziert

Au-Pair-Box.com

Nachwort oder was am Ende bleibt

Natürlich fragt man sich, was Monate oder auch Jahre nach der Elternzeit und den unternommenen Reisen bleibt. Waren unsere Reisen bloß durch Egoismus und Fernweh motiviert oder waren sie vielleicht auch förderlich für die Entwicklung unseres Kindes? Letzteres ist kurz nach Ende der Elternzeit nicht seriös zu beantworten. Fest steht aber schon jetzt, dass wir gemeinsam viele neue Eindrücke gesammelt haben. Und abwechslungsreiche intensive Erfahrungen machen dürften. Wir sind dankbar für die zahlreichen wunderschönen Momente, die wir in unserem neuen Lebensabschnitt erleben und genießen durften – zuhause und unterwegs.

Auch wenn sich Effekte des Reisens auf unsere Tochter nicht einfach nachweisen lassen, hat sich die Elternzeit sicher positiv auf uns als junge Familie ausgewirkt. Wir haben während unserer Reisen so viel Zeit wie nur möglich miteinander verbracht. Über Monate hinweg sieben Tage die Woche, 24 Stunden am Tag. Dass eine enge Bindung zu den Eltern im ersten Lebensjahr ungemein wichtig für die Entwicklung und das Urvertrauen der Kinder sein soll, steht unseren Erfahrungen sicher nicht entgegen. Viel Zeit für den Nachwuchs und die Familie, in Verbindung mit gut geplanten Reisen an schöne Orte, können einfach nicht nachteilig für uns und die Entwicklung unserer Tochter gewesen sein – ganz im Gegenteil. So bleibt die Überzeugung, dass Reisen in der Elternzeit gut für alle Beteiligten ist.

Die vergangenen Monate haben auch dazu beigetragen, dass ich als Vater ein besonderes Verhältnis zu meiner Tochter und meiner Familie entwickelt habe. Und nicht zuletzt bin ich nach einer Auszeit motiviert und erholt in meinen alten Job zurückgekehrt – übrigens ohne den vielbeschworenen Karriereknick.

Wir sind darin bestärkt worden, dass wir auch mit Baby und Kleinkind weitere Reisen unternehmen können, wenn auch unter anderen Voraussetzungen als zu der Zeit, in der wir noch kinderlos unterwegs gewesen sind. Anfängliche Sorgen und Bedenken haben sich durchweg nicht bestätigt. Natürlich sind wir froh, dass Leona auf keiner unserer Reisen ernsthaft krank geworden ist. Die Ausnahme war übrigens eine Mittelohrentzündung mit hohem Fieber, die Leona auf einer nicht im Buch beschriebenen Rundreise durch Deutschland bekommen hat. Es soll nicht verschwiegen werden, dass es auch anstrengende Momente und kleinere Konflikte auf unseren Reisen gegeben hat. Solche Situationen gibt es zuhause oder bei kinderlosen Reisen aber sicherlich auch. Wir haben mit der Zeit gelernt, wie wichtig es ist, in bestimmten Situationen nicht sorglos aber gelassen zu bleiben. Das neue Leben als Familie bringt viele Herausforderungen mit sich, die man auf sich zukommen lassen muss – sei es in der gewohnten Umgebung zuhause oder auf Reisen unterwegs.

Was bleibt noch? In unserem Fall ein Kind, dass sich nach mehreren Wochen und Monaten in Spanien und auf den Kanaren am liebsten den ganzen Tag von Oliven ernähren würde. Wirklich! Und ein Kind, welches gerne spanische Kinderbücher anschaut und vorgelesen bekommt. Und nicht zuletzt ein Kind, welches offen im Umgang mit fremden Menschen, freundlich und lebensfroh ist. Meistens zumindest.

Und zu guter Letzt bleiben natürlich auch die vielen hoffentlich amüsanten Geschichten von Leona, die ich mich bemüht habe, empfindungsgetreu nachzuerzählen. Abschließend soll die Protagonistin, ohne die dieses Buches nicht möglich gewesen wäre, nochmals zu Wort kommen.

Die ganze Wahrheit

Leona erzählt

Mensch Papa, glaubst du wirklich, dass wir mit einem Vogel geflogen sind? Oder im Bauch eines Fisches über den Atlantischen Ozean nach La Gomera gefahren sind? So etwas kannst du einem Baby erzählen – aber doch nicht mir! Und meinst du wirklich, ich hätte gedacht, dass wir noch zehn Papas im Supermarkt kaufen? Einer von deiner Sorte ist doch wirklich genug.

Die Zeit am Strand fand ich übrigens am schönsten, auch wenn Mama mich immer mit dieser klebrigen Sonnencreme vollgepinselt hat. Wenn ich bei unserer nächsten Reise laufen kann, flitze ich einfach davon, sobald ihr die weiße Farbe auch nur ansatzweise zückt. Oder ich springe bei Indianer Jones aufs Pferd, der mich zum Schiff von Käpt'n Iglo bringt. Der spendiert mir sicher auch das eine oder andere Fischstäbchen bis ihr mich wieder ausfindig gemacht habt.

Ich freu mich auch schon auf weitere Hotelbesuche mit Frühstücksbuffet. Da kann ich als Rockstar mal wieder so richtig aufräumen und meinen kleinen Kollegen von unseren Abenteuern in der Wüste und den Fluten des Atlantiks erzählen. Und dass ich fast einen Taschendieb in der Metro in Barcelona geschnappt habe. Und wenn ich das nächste Finale der Fußball-WM nicht bis zum Ende schauen darf, werden meine Fangesänge mindestens so laut und ausgiebig wie mein Gebrüll an dem Tag, an dem ich meinen ersten Zahn bekommen habe.

SERVICE-TEIL

Nix wie los!
Vorteile bei Reisen mit Baby

Werde Zeitmillionär
Elternzeit & Elterngeld

Abgehoben
Flugreisen mit Baby

Abgefahren
Mit dem Auto unterwegs

Baby Boarding
Tolle Unterkünfte mit Baby

Let's get Started
Vorbereitungen, Packliste, Reiseapotheke

Das liebe Geld
Finanzierung und Kosten

Wissenswert

Nix wie los! – Reisen mit Baby

Das Reisen mit Baby in der Elternzeit hat viele Vorteile. Dies wurde uns besonders bei weiteren Reisen deutlich, die wir später mit unserer Tochter unternommen haben. Nicht, dass diese weniger schön gewesen wären. Aber manches wird einfach anders und beschwerlicher. Und zudem hat man in der Regel nicht mehr so viel Zeit, da man wieder im Arbeitsalltag angekommen ist. Daher fasst dieses erste Servicekapitel vor allem die Vorteile bei Reisen im ersten Lebensjahr des Kindes zusammen – sowohl emotionale als auch praktische. Viele dieser Aspekte werden in den weiteren Kapiteln detaillierter ausgeführt.

Lebe deinen Traum: Viele träumen davon, einmal um die Welt zu reisen. Oder monatelang mit dem Wohnmobil durch Europa, die USA oder auch sonst wohin zu fahren. Oder sich endlich mal aus dem Alltag auszuklinken und neue Eindrücke zu sammeln. Früher musste man häufig bis zur Rente warten, um sich diese Träume zu erfüllen. Vielen mangelte es schlicht und einfach an dem nötigen Kleingeld, viel mehr aber oft noch an Zeit. Elternzeit und Elterngeld geben Vätern und Müttern eine finanzielle Hilfestellung und zeitliche Ressourcen, um den Lebenstraum schon früher wahr zu machen. Und ist nicht viel schöner, sich diesen mit dem neuen Nachwuchs zu erfüllen, wenn man noch jung und fit ist? Bei den aktuellen demografischen Herausforderungen kann man sich ohnehin nicht mehr sicher ein, was bei der Rente am Ende rauskommt und wann diese beginnt. Also nichts wie los und raus aus den Mühlen des Alltags. Wer gerne reist, sollte die Gelegenheit nutzen, als Paar und Familie weiter zusammenwachsen und gemeinsam Herausforderungen meistern, die außerhalb der eigenen vier Wände liegen.

Interkulturalität: Multikulturelle Erfahrungen und Mobilität sind heute mehr denn je Bestandteil und Anforderung unserer globalen Gesellschaft, von Kindesbeinen an. Babys und Kleinkinder treffen bereits in der Kindertagesstätte oder auch im familiären Umfeld früh auf Gleichaltrige mit Migrationshintergrund. Reisen ins Ausland und die Begegnung mit fremden Kulturkreisen können bereits im Kindesalter den Grundstein für die notwendige interkulturelle Offenheit legen. Sicherlich nehmen Babys nicht alles so intensiv wahr wie ältere Kinder und Erwachsene. Dennoch prägen Reisen in der Elternzeit die neuen Erdenbürger, fördern den Umgang mit anderen Menschen und wirken sich eher positiv als negativ auf einen offenen Umgang mit anderen Kulturen aus.

Gepäck: Je älter die Kinder sind, desto mehr Gepäck braucht man. Aus dem Maxi-Cosi wird ein sperriger Kindersitz, Kinder brauchen mehr Klamotten und meistens nimmt man auch mehr Spielzeug mit. Nach dem Abstillen möchten manche Eltern einen gewissen Vorrat an Babynahrung oder gewisse Ernährungsbestandteile mitnehmen, falls es am Zielort nicht die gewünschten Produkte gibt. In südlichen Ländern sind der Babybrei und die Gläschen oft mit Zucker versetzt. Muttermilch nimmt hingegen keinen Platz im Koffer weg.

Mit zunehmendem Alter kann man dafür den Kinderwagen gegen einen platzsparenden Buggy eintauschen. Und auch den Pürierstab kann man getrost zuhause lassen, wenn die ersten Zähnchen da sind.

Flug- und Autoreisen: Fliegen mit Baby ist oftmals leichter, da sie während der Stillzeit bei Start und Landung angelegt werden können. Dies erleichtert den Druckausgleich, der Kleinkindern nach dem Abstillen schwerer fallen kann. Zudem schlafen kleinere Babys in der Regel mehr und sind im Flugzeug pflegeleichter als ihre älteren Genossen. Autofahrten zu weiter entfernten Zielen können bei kleinen Babys, die gut und gerne im Wagen schlafen, besser geplant und durchgeführt werden. Bei Kleinkindern kann, je nach Laune und Veranlagung, die Anreise zu Fernzielen deutlich anstrengender und nervenaufreibender werden.

Mobilität und Ausflüge: Mit Baby ist man auch zu Fuß deutlich mobiler als mit Kleinkind. Solange die kleinen Abenteurer die Babytrage (Manduca, Kraxe, etc.) akzeptieren, kann man einfacher wandern, längere Strandspaziergänge machen und schwierigeres Terrain überwinden. Wenn Babys anfangen zu laufen und weniger bis gar nicht mehr schlafen, kann der Weg zum Strand, die Stadtbesichtigung oder auch ein kurzer Spaziergang leicht zum Marathon und Spiel mit den Nerven werden. Man ist also mit kleinem Baby in der Regel deutlich mobiler und kann auch besser eine Rundreise mit verschiedenen Zielen realisieren. Mit Kleinkindern kann es vorteilhaft sein, eher nur einen oder wenige Orte anzusteuern, da man nicht ständig die Koffer packen möchte oder die Kleinkinder bereits Freunde am Urlaubsort gefunden haben. Und nicht so gerne woanders hin weiterreisen wollen. In Bezug auf das Kofferpacken kann eine Reise mit dem Wohnmobil eine gute Lösung sein, da man bei Bedarf fast überall halten kann. Vor Weiterfahrt gilt es jedoch immer alles ordnungsgemäß zu verstauen.

Kosten und Finanzierung: Reisen mit Baby sind deutlich günstiger als mit älteren Kindern. Flugtickets sind bis zur Vollendung des zweiten Lebensjahres fast kostenlos, wenn Babys auf dem Schoß der Eltern reisen. Fähr- und Busfahrten sind teilweise komplett umsonst, oft auch bis zum dritten oder sechsten Lebensjahr. In den meisten Hotels und Apartments zahlen Babys bis zwei Jahre keinen Aufpreis, wenn sie im Bett der Eltern schlafen. Fast überall ist ein Babybett vorhanden und wird kostenlos zur Verfügung gestellt (vorher anfragen bzw. die genauen Bedingungen lesen).

Auch die Finanzierung einer Reise mit Baby ist bei gegebenen Umständen leichter. Vater und Mutter erhalten gemeinsam bis zu 14 monatliche Elterngeldraten, die sich auf circa zwei Drittel des Einkommens belaufen. Wenn man später ein Sabbatjahr einlegt oder unbezahlten Urlaub nimmt, bezieht man hingegen im Regelfall kein Einkommen. Zudem muss man die Krankenversicherung bezahlen, die beim Elterngeld kostenfrei weiterläuft.

Mit der Geburt des ersten Kindes kommt bei vielen Familien der Wunsch nach mehr Wohnraum und Platz im Grünen auf. Bevor man sich jedoch eine kostspielige und langwierige Baufinanzierung ans Bein bindet, sollte man sich überlegen, diese ggf. zurückzustellen und zunächst noch einmal länger zu verreisen, solange die Fixkosten überschaubar sind.

Gesundheit: Babys haben, solange sie gestillt werden, Nestschutz durch die regelmäßige Aufnahme der Muttermilch. Dies bedeutet natürlich nicht, dass Babys nicht krank werden. Nach dem Abstillen sind Kinder jedoch in der Regel öfter erkältet oder anfälliger für Krankheitserreger. Dies ist grundsätzlich nicht schlecht, da hierdurch das Immunsystem aufgebaut wird. Eine Reise mit stark erkältetem oder fiebrigem Kind kann aber auch sehr beschwerlich werden. Und zu Planänderungen oder Stornierungen führen. Wichtig ist, dass Babys möglichst vor ihrer ersten längeren Reise die Grundimmunisierung abgeschlossen haben. Bei Fernreisen ist es immer ratsam, frühzeitig im Vorfeld den Kinderarzt zu konsultieren.

Zeitmillionär – Elternzeit & Elterngeld

Neben der Elternzeit wurde bereits vor einigen Jahren zusätzlich das Elterngeld eingeführt. Viele werdende Eltern haben jedoch keinen genauen Überblick über ihre rechtlichen Möglichkeiten in Bezug auf Anspruch, Dauer, finanziellen Umfang sowie eventuelle Kombinationsmöglichkeiten. Das folgende Kapitel soll hierüber systematisch Aufschluss geben. Das wohl Wichtigste vorab: Elternzeit ist nicht gleich Elterngeld!

Elternzeit

Anspruch auf Elternzeit: Sowohl Mutter als auch Vater haben bis zur Vollendung des dritten Lebensjahres einen Anspruch zur Betreuung und Erziehung ihres Kindes gegenüber ihrem Arbeitgeber. Während der Elternzeit ruht das Arbeitsverhältnis, welches im Anschluss wieder auflebt. Nach Ablauf der Elternzeit besteht ein Anspruch auf Rückkehr zur früheren Arbeitszeit. Jedoch manchmal auch die Pflicht, wenn Arbeitgeber nicht dem Wunsch einer Teilzeitbeschäftigung nachkommen möchten.

Nach Ende der Elternzeit sind Arbeitnehmer gemäß der im Arbeitsvertrag getroffenen Vereinbarungen zu beschäftigen. Auch wenn nicht immer genau die gleiche Stelle verfügbar ist, muss der Arbeitnehmer in einer ähnlichen Funktion wieder eingesetzt werden, ohne ihn finanziell schlechter zu stellen.

Für reisewütige und finanziell sehr gut abgesicherte Eltern gibt es also theoretisch die Möglichkeit, bis zu drei Jahre zu pausieren und die Welt zu erobern. Denn beide Elternteile können auch gleichzeitig ihre Elternzeit in Anspruch nehmen. Zudem ist – die Zustimmung des Arbeitgebers vorausgesetzt – eine Übertragung von bis zu zwölf Monaten auf die Zeit zwischen dem 3. und 8. Geburtstag des Kindes möglich. Die Bundesregierung plant sogar, die Elternzeit weiter zu flexibilisieren. In Zukunft sollen Väter und Mütter 24 Monate auf den Zeitraum zwischen dem dritten und achten Lebensjahr übertragen können.

Meldefristen: Elternzeit muss spätestens sieben Wochen vor deren Beginn schriftlich beim Arbeitgeber beantragt bzw. genauer gesagt angemeldet werden. Denn der Arbeitgeber hat diesem Antrag in jedem Fall zuzustimmen. Die gesetzliche Frist von sieben Wochen soll den Arbeitgebern genügend Zeit für die Suche nach Ersatzkräften geben. Grundsätzlich sollte man den Zeitpunkt und die Dauer der Elternzeit möglichst früh mit dem Arbeitgeber besprechen. Dies gibt dem Arbeitgeber mehr Spielraum, sich auf die Übergangssituation einzustellen und es ist besser für die „Chemie" am Arbeitsplatz. Bei der frühzeitigen Meldung bzw. Absprachen sollte man jedoch wissen, dass erst ab 8 Wochen vor der Elternzeit Kündigungsschutz besteht. Danach kann nur noch in besonderen Fällen ausnahmsweise eine Kündigung für zulässig erklärt werden, was durch die für den Arbeitsschutz zuständige oberste Landesbehörde oder einer von ihr bestimmten Stelle zu erfolgen hat.

Eltern müssen sich bei der Anmeldung für die kommenden zwei Jahre ab Beginn der Elternzeit festlegen. Wird die Elternzeit von der Mutter unmittelbar nach der Mutterschutzfrist oder unmittelbar nach einem auf die Mutterschutzfrist folgenden Urlaub in Anspruch genommen, so hat sie sich nur bis zur Vollendung des zweiten Lebensjahres des Kindes festzulegen.

Teilzeitarbeit während der Elternzeit: Grundsätzlich können beide Elternteile während der Elternzeit einer Teilzeiterwerbstätigkeit von bis zu 30 Wochenstunden nachgehen. Bei gleichzeitiger Elternzeit können die Eltern somit insgesamt bis zu 60 Wochenstunden erwerbstätig sein, ihr Kind zeitweise selbst betreuen und zum Familieneinkommen beitragen. Ein Rechtsanspruch auf Verringerung der Arbeitszeit in Elternzeit beim bisherigen Arbeitgeber gilt jedoch nur in Betrieben mit mehr als 15 Beschäftigten und wenn dem keine dringenden betrieblichen Gründe entgegenstehen. Eine Teilzeitbeschäftigung junger Eltern kommt vielen Betrieben entgegen. Sie haben motivierte Mitarbeiter und brauchen nicht längere Zeit auf ihre bewährten Fachkräfte zu verzichten.

Eltern können während ihrer Elternzeit unter gewissen Umständen auch bei anderen Arbeitgebern oder selbstständig bis zu 30 Wochenstunden arbeiten. So kann man sich bei Bedarf in einem anderen Berufsfeld ausprobieren, ggf. auch in Kombination mit einer Reise oder einem längeren Aufenthalt im Ausland. Wichtig ist, dass die Zustimmung zur neuen Arbeit vom bisherigen Arbeitgeber verlangt werden muss. Der bisherige Arbeitgeber darf jedoch seine Zustimmung nur innerhalb von vier Wochen und nur bei dringenden betrieblichen Gründen ablehnen. Auch hier gilt, dass man möglichst offen und transparent mit seinem Arbeitgeber umgehen sollte. Dann ergeben sich möglicherweise ganz neue Perspektiven und Horizonte außerhalb der eigenen vier Wände.

Elterngeld

Abgrenzung zur Elternzeit: Elternzeit ist der rechtliche Anspruch, das Arbeitsverhältnis für einen Zeitraum von bis zu drei Jahren ruhen zu lassen. Dies hat mit staatlicher finanzieller Unterstützung erst einmal nichts zu tun. Es geht, wie der Begriff schon sagt, um freie Zeit für die Eltern, damit sie sich um ihren Nachwuchs kümmern und als Familie zusammenwachsen können. Das Elterngeld schafft hingegen die finanziellen Möglichkeiten und macht es für Mütter und Väter einfacher, vorübergehend ganz oder auch nur teilweise auf eine Erwerbstätigkeit zu verzichten.

Bezugsdauer Elterngeld: Väter und Mütter können Elterngeld nur in den ersten 14 Monaten nach der Geburt ihres Kindes beziehen. Insgesamt stehen beiden Elternteilen zusammen 14 Elterngeldmonate zur Verfügung. Ein Elternteil kann dabei mindestens zwei und höchstens zwölf Monate für sich in Anspruch nehmen. 14 Monate Elterngeld können also nur bezogen werden, wenn beide Elternteile ihren Anspruch wahrnehmen. Ausnahme sind Alleinerziehende, welche die vollen 14 Monate Elterngeld erhalten können.

Zeitgleich Elterngeld beziehen: Die meisten Paare nehmen nacheinander Elterngeld in Anspruch, z.B. zunächst die Mutter zwölf und danach der Vater zwei Monate. Dies ist die klassische Variante, die spaßeshalber auch gerne „Wickelvolontariat" genannt wird. Natürlich gibt es auch ganze andere Kombinationsmöglichkeiten: die Mutter beginnt mit acht Monaten gefolgt von sechs Monaten, in denen der Vater Elterngeld bezieht. Oder beide nehmen nacheinander sieben Monate Elterngeld, usw. In diesen Varianten bleibt immer ein Einkommen erhalten, ergänzt durch das Elterngeld. Bei dieser Konstellation kann man jedoch nicht länger gemeinsam verreisen, es sei denn der arbeitende Partner nimmt Urlaub.

Es gibt aber auch die Möglichkeit, zeitgleich Elterngeld zu beziehen, z.B. beide Partner direkt am Anfang für sieben Monate. Oder zunächst die Mutter für sechs Monate alleine und danach beide Elternteile zeitgleich für vier Monate, usw. Bei zeitgleicher Inanspruchnahme verkürzt sich der Elterngeldzeitraum natürlich. Man kann aber eine sehr intensive Zeit als Familie verbringen, sei es zuhause oder irgendwo auf Reisen.

Übrigens muss man auch nach Aufbrauchen des Elterngelds nicht zwangsläufig wieder arbeiten. Wenn die Eltern z.B. sieben Monate gemeinsam Elterngeld genommen haben, kann ein Partner wieder arbeiten, der andere aber weiterhin zuhause beim Kind bleiben und weiter Elternzeit nehmen (auch Väter). In dieser Zeit wird dann natürlich nur ein Einkommen bezogen, weshalb man vorher genau kalkulieren sollte, ob man sich den zumeist einmaligen Luxus leisten kann und möchte. Ferner ist es auch möglich, seine Elterngeldmonate zeitlich zu splitten. So kann man zum Beispiel am Anfang und am Ende der ersten 14. Lebensmonate des Kindes einen oder mehrere Monate Elterngeld beziehen. Oder auch den halben Elterngeldsatz für eine doppelte Bezugsdauer bekommen.

Höhe des Elterngeldes / Anspruchsvoraussetzungen: In der Höhe orientiert sich das Elterngeld am durchschnittlichen monatlich verfügbaren Erwerbseinkommen, welches der betreuende Elternteil im Jahr vor der Geburt bezogen hat. Dies gilt sowohl für Angestellte als auch für Selbstständige, deren Anspruch über die Steuererklärung ermittelt wird. Das Elterngeld beträgt immer mindestens 300 Euro und höchstens 1.800 Euro. Das Elterngeld beläuft sich in der Regel auf 65-67% des durchschnittlichen Nettoeinkommens. Für Geringverdiener mit einem Einkommen unter 1.000 Euro pro Monat liegt die Rate ggf. etwas höher. Für die genauere Berechnung gibt es im Internet mehrere Elterngeldrechner.

Das Mindestelterngeld von 300 Euro erhalten alle, die nach der Geburt ihr Kind selbst betreuen und höchstens 30 Stunden in der Woche arbeiten. Auch Studierende, Hausfrauen und Hausmänner und Eltern, die wegen der Betreuung älterer Kinder nicht gearbeitet haben.

Mehrkindfamilien mit kleinen Kindern profitieren vom so genannten Geschwisterbonus: Sie erhalten einen Zuschlag von 10 Prozent des sonst zustehenden Elterngeldes, mindestens aber 75 Euro. Bei Mehrlingsgeburten erhalten die Eltern einen Zuschlag von 300 Euro für jedes weitere neugeborene Kind. Der doppelte Elterngeldanspruch für Zwillingseltern wurde abgeschafft.

Der Elterngeldanspruch entfällt für Elternpaare, die im Kalenderjahr vor der Geburt ihres Kindes gemeinsam ein zu versteuerndes Einkommen von mehr als 500.000 Euro hatten. Für Alleinerziehende entfällt der Anspruch ab mehr als 250.000 Euro.

Das Elterngeld selbst ist steuerfrei. Es steht jedoch unter Progressionsvorbehalt und wird bei der Ermittlung des persönlichen Steuersatzes dem erwirtschafteten Einkommen hinzugerechnet. Daher kann es unter Umständen zu einer Nachzahlung beim Lohnsteuerjahresausgleich kommen.

Beantragung Elterngeld: Die entsprechenden Formulare erhält man bei der nächsten Elterngeldstelle. Oft können die Unterlagen und weitergehende Informationen im Netz runtergeladen werden. Neben dem Antrag müssen in der Regel Gehaltsnachweise, Geburtsurkunde, Nachweise über Mutterschaftsgeld vom Arbeitgeber und der Krankenkasse und andere Unterlagen eingereicht werden. Zudem brauchen Festangestellte eine Bestätigung des Arbeitgebers, dass Elternzeit beantragt wurde. Da die ersten Tage und Wochen nach der Geburt in der Regel sehr turbulent und aufregend sind, sollte man seinen Antrag schon rechtzeitig vorbereiten und erste Unterlagen sammeln. Dies ist auch wichtig, da Elterngeld maximal drei Monate rückwirkend gezahlt wird. Entscheidend ist der Zeitpunkt des Antrags, den man im Zweifel besser unvollständig als zu spät einreicht. Dieser wird jedoch erst dann bearbeitet, wenn alle Unterlagen vorliegen. Nachdem man den Bescheid erhalten hat, wird das Elterngeld in der Regel zum Monatsbeginn überwiesen.

Elterngeld Plus und Partnerschaftsbonus: Das Bundesfamilienministerium hat kürzlich eine Reform des Bundeselterngeld und Elternzeitgesetzes umgesetzt. Das Elterngeld Plus soll denen zugutekommen, die schon während des Elterngeldbezugs wieder in Teilzeit arbeiten wollen. Mütter und Väter, die mit einer gewissen Stundenzahl ihrer Arbeit nachgehen wollen, haben nun die Möglichkeit, länger das volle Elterngeldbudget zu nutzen. Wenn beide Elternteile sich entscheiden, jeweils 25 bis 30 Stunden in der Woche zu arbeiten und sich damit auch die Zeit mit ihrem Nachwuchs teilen, gibt es einen zusätzlichen Partnerschaftsbonus in Form von vier zusätzlichen Elterngeld-Plus-Monaten.

Näheres:
http://www.bmfsfj.de
http://www.elterngeld.net
http://www.elterngeldplus.de

Abgehoben – Flugreisen mit Baby

Die erste Flugreise mit Baby ist für die meisten Eltern mindestens genauso aufregend wie der erste eigene Flug. Viele fragen sich, wie der Nachwuchs diese Erfahrung verkraften wird und wie sie sich am besten vorbereiten können. Das folgende Kapitel gibt praktische Informationen rund um die Flugreise mit Baby, angefangen bei den medizinischen Voraussetzungen und der Buchung von Flugtickets bis zur Landung und Gepäckabholung am Zielort.

Alter der Babys / Medizinische Voraussetzungen: Babys dürfen medizinisch gesehen bereits mit acht Tagen fliegen. Viele Fluggesellschaften befördern ab einem Alter von zwei Wochen. Ärzte, Flugexperten und Babyportale empfehlen jedoch frühestens mit 2-3 Monaten zu fliegen. Ab diesem Alter haben Eltern die ersten Regeluntersuchungen absolviert und wissen, dass das Kind gesund ist. Wir sind das erste Mal geflogen, als Leona knapp sieben Monate alt war und hatten keinerlei Probleme. Unsere Erfahrung war, dass es umso einfacher ist, mit Baby zu reisen, je jünger dieses ist. Mit zunehmendem Alter schlafen Babys weniger, werden nicht mehr gestillt und wollen Unterhaltungsprogramm. Und unzufriedene Babys können einen Urlaubsflug auch mal ziemlich anstrengend werden lassen.

Auf einen Flug verzichten sollte man, wenn Babys so stark erkältet sind, dass sie Probleme mit den Nasennebenhöhlen oder den Ohren haben. Besondere Vorsicht ist geboten, wenn eine Atemwegserkrankung oder Mittelohrentzündung vorliegt, da es Probleme mit dem Druckausgleich geben kann. Auch bei Zahnschmerzen sollte man vorsichtig sein. Wenn der kleine Nachwuchs krank ist, geht man vor dem Flug am besten noch einmal zum

Kinderarzt, um die Reisefähigkeit bescheinigen zu lassen. Es ist immer ratsam, eine Reiserücktrittsversicherung abzuschließen, die sich auf die gesamte Familie erstreckt. Grundsätzlich gilt: solange das Baby gesund und munter ist, sind Reisen mit dem Flugzeug unbedenklich.

Flugtickets: Diese können zumeist günstiger über das Internet gebucht werden. Hilfreich sind Metasuchmaschinen, wie z.B. fluege.de oder swoodoo.com (hier die Powersuche nutzen). Wer flexibel ist, sollte sich im Preiskalender bestimmte Wochen oder Monate anzeigen lassen. Für neue Strecken von Fluglinien gibt es zudem oft Einführungsangebote. In den ersten beiden Jahren reisen Kinder fast kostenlos bzw. sehr günstig. Die Ticketpreise betragen in der Regel maximal 10% des Erwachsenentarifs. Wir haben zum Beispiel für Leonas erstes Flugticket von Köln nach Teneriffa 3,20 Euro bezahlt. Den Babypreis gibt es natürlich nur, wenn die Kinder auf dem Schoß der Eltern reisen. Die Babys werden dann mit einem sogenannten „Loopbelt" gesichert, der am Gurt von Vater oder Mutter befestigt wird. Die Sicherheit des Loopbelts ist vom TÜV nicht bestätigt, daher wurde dieser 1998 in Deutschland verboten, später jedoch wieder eingeführt. Natürlich können Eltern alternativ einen eigenen Sitzplatz für Kinder buchen (i.d.R. 75% des Erwachsentarifs) und das Baby in einem flugsicheren Autositz anschnallen.

Bis zum ersten Lebensjahr können Babys auf Langstrecken in ein Babybettchen (Bassinet) gelegt werden, welches an der Vorderwand befestigt wird. Eltern und Babys haben so mehr Beinfreiheit. Maßgabe für die Bassinets ist aber nicht nur das Alter, sondern auch Größe und Gewicht der kleinen Passagiere. Die Regeln unterscheiden sich von Fluggesellschaft zu Fluggesellschaft. Oft liegt die Höchstgrenze bei zehn Kilogramm. Wer einen der begehrten Mutter-Kind-Sitzplätze haben möchte, die sich besonders bei Nachtflügen empfehlen, sollte seine Buchung frühzeitig über das Reisebüro vornehmen.

Sitzplatzreservierung: Bei vielen Airlines müssen Sitzplätze auf Kurz- und Mittelstrecken kostenpflichtig reserviert werden. Natürlich wollen die Eltern mit ihrem Kind zusammen sitzen. Wir haben trotzdem nie feste Sitzplätze reserviert. Und haben auf allen sieben Flügen stets nebeneinander gesessen. Und auf sechs Flügen hatten wir sogar eine ganze Dreierreihe für uns. Und Leona zwischen uns ihren eigenen Sitzplatz. Oft suchen sich Sitznachbarn freiwillig einen anderen verfügbaren Sitzplatz. Manchmal bittet das Kabinenpersonal Passagiere auch sich umzusetzen, damit die junge Familie mehr Platz hat. Hierzu darf der Flieger natürlich nicht restlos ausgebucht sein. Tipp: Möglichst nicht an den ersten Ferientagen, an Wochenenden oder Feiertagen fliegen. Dienstagmittag während der Schulzeit ist der Flieger garantiert nicht ausgebucht. Ein Nachteil bei fehlender Platzreservierung ist manchmal, dass man nicht im Voraus online einchecken kann. An den Schalter muss man aber ohnehin, wenn man nicht nur mit Handgepäck reist. Und das macht in der Regel niemand, der sich mit Babys auf längere Reisen begibt.

Flugzeiten: Hier hat jeder natürlich seinen eigenen Biorhythmus. Bei Langstrecken schwören viele auf Nachtflüge. Wir haben bei Mittel- und Kurzstrecken die besten Erfahrungen gemacht, wenn wir vormittags geflogen sind. So konnte Leona im Flugzeug ihr erstes Nickerchen machen, danach etwas spielen und schon waren wir am Ziel. Grundsätzlich war die Laune unserer Tochter morgens besser; vielleicht auch, weil sie noch ausgeruhter war und noch nicht so viele Reize erfahren hat. Ältere Babys und Kinder schlafen natürlich weniger und wollen unterhalten werden. Hier ist die Uhrzeit vielleicht weniger wichtig und anstatt dessen Kreativität und Spielzeug gefragt.

Check-In/Gepäckaufgabe: Es wird von allen Passagieren ein Ausweisdokument verlangt. Auch Babys benötigen einen eigenen Reisepass, welchen das lokale Bezirksamt ausstellt. Ohne diesen Pass haben Babys kein Recht auf Beförderung. Wenn man keine Sitzplätze reserviert hat, ist es ratsam, frühzeitig am Flughafen zu sein, damit man am Check-In noch gemeinsame Plätze ergattern kann. Maxi-Cosi, größere Kindersitze und eventuell Babybett werden beim Sperrgepäck aufgegeben. Den Kinderwagen kann man an den meisten Flughäfen bis zum Flugsteig mitnehmen und gibt diesen erst kurz vor dem Einsteigen ab. Kinderwagen und Babysitze können beim Transport leicht beschädigt werden. Airlines gleichen Schäden an Kinderwagen offiziell aber nur dann aus, wenn diese in eine sperrige Hartschale verpackt sind. Wir haben jedoch keine einzige Familie gesehen, die ihren Kinderwagen entsprechend gesichert hat. Alternativ kann man sensible Teile, wie z.B. Bremsen, Federn oder Druckknöpfe mit Styropor oder Folie umwickeln. Bei unserem letzten Flug wurde der Kinderwagen beschädigt. Die Airline hat den Schaden freundlicherweise dennoch ausgeglichen.

Sicherheitskontrolle/Einsteigen: Nach Check-In und Gepäckaufgabe geht es zum Sicherheits-Check. Hier gibt es an vielen Flughäfen einen eigenen Bereich für Eltern mit Babys und Personen mit Handicap. Zum einen weil viele Kinderwagen nicht auf die Bänder passen, zum anderen, damit Familien schneller abgefertigt werden. Gut zu wissen: Eltern, die mit Baby reisen, dürfen Babynahrung und eine große Flasche Wasser mitnehmen. Ebenso gut zu wissen: Reisende mit Baby genießen bei den meisten Airlines Priorität beim Einsteigen. Wer möchte kann also als Erster in den Flieger einsteigen. Alternativ empfiehlt es sich auch, als Letzter in den Flieger zu gehen. Beides vermeidet lange Wartezeiten beim Einsteigevorgang.

Im Flugzeug: Fast alle Eltern haben verständlicherweise Sorgen vor dem ersten Flug mit ihrem Baby. Auch wenn es schwer fällt, sollten Vater und Mutter möglichst ruhig und gelassen bleiben, da sich die Nervosität schnell auf das Kind übertragen kann. Hauptsorge ist oft, dass die Kinder keinen Druckausgleich leisten können und Ohrenschmerzen bekommen. Wenn Babys noch gestillt werden, ist dies vorteilhaft, da sie bei Start und Landung angelegt werden können und der Druckausgleich automatisch erfolgt. Ansonsten gibt man den Kleinen eine Flasche. Babys, die beim Start bereits schlafen, sollten nicht geweckt werden, da sich der Druckausgleich dann von alleine regelt. Wenn Babys während dem Flug wach sind, erkunden sie gerne die nähere Umgebung. Leona hat oft mit ihrem Anschnallgurt gespielt und ist auf ihrem Sitzplatz rumgeturnt. Wickeln kann man Babys im engen Toilettenraum; wenn man eine eigene Sitzreihe für sich hat unter Umstände auch gleich dort.

Die Mitnahme von Babynahrung und Wasser ist im Handgepäck erlaubt. Letzteres muss also nicht teuer am Flughafen oder im Flieger gekauft werden. Weiteres Wasser für das Baby erhält man im Flugzeug gratis, wenn man freundlich beim Kabinenpersonal fragt. Wenn Babys bereits Beikost erhalten, sollte man diese dabei haben. Die Zeiten, in denen man im Flugzeug Babynahrung erhielt, sind inzwischen vorbei. Das Kabinenpersonal erwärmt gerne mitgebrachte Gläschen, wenn sich Hunger einstellt.

Landung und Gepäck: Rechtzeitig vor der Landung sollten die Babys wieder in ihren Sitz oder mit dem „Loopbelt" angeschnallt werden. Da es bei der Landung schon mal ruckeln kann, sollten Eltern ihre Kinder gut sichern und festhalten. Nach der Landung geht es zur Gepäckabholung oder erst mal in den komfortableren Wickelraum am Flughafen. Der Kinderwagen und anderes Sperrgepäck werden fast immer separat auf einem anderen Band bereitgestellt. Manchmal kann man seinen Kinderwagen auch bereits beim Aussteigen aus dem Flugzeug auf dem Rollfeld erhalten. Diesbezüglich erkundigt man sich am besten kurz vor Landung beim Kabinenpersonal.

Abgefahren – Mit dem Auto unterwegs

Zunächst stellt sich die grundsätzliche Frage, ob man mit dem eigenen Auto reist oder vielleicht fliegt und vor Ort einen Mietwagen bucht. Der Übersicht halber folgen zunächst allgemeine Tipps zum Reisen mit dem Auto, weiter unten dann spezielle Informationen zur Buchung von Mietwagen.

Vor- und Nachteile: Ein unschlagbarer Vorteil beim Reisen mit dem eigenen Wagen ist natürlich, dass man deutlich mehr mitnehmen kann. Die Menge des Gepäcks wird nur durch die Größe des Kofferraums begrenzt. Ich mache hier jetzt aber keine Ausführungen über bestimmte Autotypen geschweige denn Marken (fahren wir nicht alle Kombi, Familien-Van, VW-Bus oder Wohnmobil?). Je nach Auto und Streckenlänge kann es deutlich kostengünstiger sein, zu fahren als zu fliegen. Bei Reisen mit dem Auto kann man bei Bedarf anhalten und die Fahrt jederzeit unterbrechen. Wenn man jedoch festgesteckte, längere Tagesetappen vor sich hat, können sich Fahrten je nach Lust und Laune des Babys sehr lang ziehen. Wie gut das Reisen mit Nachwuchs im Auto funktioniert, hängt somit maßgeblich vom Baby selbst ab. Während die einen stundenlang im Auto schlafen, sind die anderen totale Verweigerer, brüllen und übergeben sich. Die meisten Eltern können das Reisen per Auto jedoch deutlich erleichtern, wenn sie ein paar wichtige Punkte beachten.

Uhrzeiten: Unsere Erfahrung war, dass wir angenehm fahren und ordentlich Strecke machen konnten, wenn wir kurz vor Leonas Mittagsschlaf losgefahren sind. Dann hat sie fast immer überdurchschnittlich lang und gut geschlafen. Aus dem gleichen Grund fahren viele Eltern nachts oder sehr früh morgens los, wenn es in den Urlaub geht – zudem vermeidet man Staus und verkürzt die Fahrzeit. Babys sollten vor Abfahrt gegessen haben; sollten sie einen empfindlichen Magen haben, ist es ggf. besser etwas zu warten, bis man losfährt. Wenn Leona nicht einschlafen wollte, haben wir oft Lieder gesungen – manchmal gefühlt in Endlosschleife. Dies kann durch eine Musik-CD mit Kinderliedern oder beruhigende Musik unterstützt werden. Um das Einschlafen im Auto zu erleichtern, hat sich oft einer von uns auf den Rücksitz zu Leona gesetzt, während der jeweils andere den Chauffeur gemacht hat. Einmal eingeschlafen konnten wir uns wieder zusammensetzen, prima unterhalten und die Landschaft genießen. Oft wachen Babys erst dann wieder auf, wenn sie ausgeschlafen sind, Hunger haben oder das Ziel erreicht ist. Daher empfiehlt es sich, bei sehr kurzen Pausen oder Fahrerwechsel, den Motor ausnahmsweise laufen zu lassen.

Fahrtdauer / Streckenlänge: Bei der Planung von längeren (Rund-)Reisen mit Baby, sollte man vorher testen, welche maximale Strecke pro Tag ohne größere Probleme zurückgelegt werden kann. Wir sind in der Regel nicht länger als drei Stunden oder 300 Kilometer täglich gefahren. Dies passte gut zu Leonas Siesta-Gewohnheiten und hat die Autofahrten sehr angenehm gestaltet. Wenn es das Baby mitmacht, kann man natürlich auch längere Strecken fahren, v.a. wenn man nachts unterwegs ist. Grundsätzlich ist es aber nicht wünschenswert, das Baby tagelang acht Stunden in den Maxi-Cosi zu zwängen. Daher empfiehlt es sich nach einer längeren Strecke, einen Pausetag einzulegen oder zumindest nur kürzere Strecken zurückzulegen, um den Rücken des Babys zu schonen.

Essen, Trinken, Unterhaltung: Bei längeren Autofahrten sollte man immer ausreichend Wasser, Milch oder die Mama dabei haben. Neben Obstbrei, der nicht erwärmt werden muss, helfen kleinere Snacks und Spielzeug, um den kleinen Passagier zufrieden zu stellen. Eine Kühltasche oder ein paar Kühlelemente können nicht schaden, wenn es durch wärmere Gegenden geht. Auch die Eltern sollten Proviant vorhalten, damit sie sich an Bord verpflegen können. Wir haben meistens erst angehalten und Rast gemacht, wenn Leona aufgewacht ist.

Sicherheit, Komfort: Alle Babys gehören in den Maxi-Cosi. Auch wenn man zunächst an den Zielort fliegt und dort mit dem Mietwagen oder Taxi weiterfährt, ist es sinnvoll, den eigenen Maxi-Cosi mitzunehmen, da Größe, Zustand und Verfügbarkeit der Sitze variieren. In heißeren Gegenden kann ein am Fenster befestigter Lichtschutz die Kleinen gegen zu viel Sonneneinstrahlung schützen. Bei Kälte und zum Schlafen sollte man eine kleine Decke oder entsprechende Kleidung im Auto haben. Fast alle Fahrzeuge verfügen heutzutage über eine Klimaanlage. Wir haben diese nur wohl dosiert und zeitweise genutzt, da bei dauerhafter Nutzung die Atemwege austrocknen. Es versteht sich von selbst, dass Eltern mit ihrer kostbaren Fracht umsichtig und nicht zu schnell fahren sollten, besonders in unbekannten Gegenden mit höherem Verkehrsaufkommen. Bei serpentinenförmig verlaufenden, schmalen Gebirgsstraßen stellt sich ohnehin die Frage, wie dem Baby das ständige Herumkurven bekommt.

Mietwagengröße: Grundsätzlich sollte man sich zunächst überlegen, welche Wagengröße man braucht. Dies hängt maßgeblich vom zu befördernden Gepäck ab. Bei Tagesausflügen mit Handgepäck genügt ein Kleinwagen. Bei längeren Touren mit gesamtem Gepäck benötigt man mindestens die Kompaktklasse. Hierbei muss man jedoch gegebenenfalls den Kinderwagen teilweise auseinander bauen und darf nicht mehr als einen großen Koffer und Handgepäck mitführen. Bei mehr Gepäck ist unbedingt die Mittelklasse oder ein noch größeres Modell zu wählen.

Buchung Mietwagen: Am einfachsten nutzt man eine der beiden großen Metasuchmaschinen (check24.de / billigermietwagen.de), da man so bequem einen Überblick erhält und fast alle Anbieter abgedeckt sind. Wenn man fliegt, sollte man den Wagen möglichst am Flughafen entgegennehmen und abgeben können. Hierbei ist auf die Öffnungszeiten der Anmietstation zu achten. Viele Angebote erscheinen zunächst extrem günstig, teilweise bekommt man Kleinwagen ab 10-20 Euro pro Tag. Hierbei entsprechen die angebotenen Leistungen jedoch nur dem absoluten Minimum. Bei diesen Tarifen gibt es oft eine höhere Selbstbeteiligung, begrenzten Versicherungsumfang, ungünstige Tankregelungen und keinen Zusatzfahrer. Oder aber auch schlechteren Service, lange Wartezeiten bei Abholung und ältere Fahrzeuge.

Versteckte Kosten / Extras: Vollkaskoschutz mit geringer oder ganz ohne Selbstbeteiligung kostet in der Regel zusätzlich. Da in südlichen Ländern Autos schon mal aufgebrochen werden und ein offensiver Fahrstil vorherrscht, ist dies anzuraten. Manchmal müssen bzw. können Glas, Unterboden, Dach und Reifen nochmals extra versichert werden.

Auch wenn man vollsten Versicherungsumfang abgeschlossen hat, versuchen manche Anbieter an den Leihstationen weitere Versicherungen zu verkaufen. Dies liegt oft daran, dass Vertragspartner bzw. die Online-Portale nur Mittler für lokale Mietwagenfirmen sind. Hier gilt oft die Regelung, dass Kunden bei Schäden zunächst vorstrecken müssen und der Vertragspartner bzw. Mittler erst im Nachhinein erstattet. In diesem Fall braucht man natürlich nicht noch eine weitere Vollkaskoversicherung abzuschließen.

Eine beliebte weitere Kostenfalle ist die Tankregelung. Bei ungünstiger Regelung muss man den bereits komplett gefüllten Tank bezahlen – natürlich zu dem Preis, den der Anbieter festlegt. Und wenn man das Benzin nur teilweise verfährt, legt man de facto noch mal drauf.

Richtig ins Geld gehen kann auch das Anmieten von Kindersitzen. Diese kosten je nach Anbieter bis zu zehn Euro pro Tag, oft bis zu einem Höchstbetrag von ca. 100 Euro für den gesamten Mietzeitraum. Bei Abgabe des Wagens an einem anderen Ort muss man in der Regel eine Einweggebühr bezahlen. Diese muss oft erst bei Abholung bezahlt werden und ist nicht immer im Rechnungsbetrag zuhause ausgewiesen. Abschließend sei ge-

sagt, dass man immer das Kleingedruckte vor Vertrags-
schluss durchlesen sollte. Dann erlebt man vor Ort keine
bösen Überraschungen und kann seine Rundfahrt genießen.

Baby Boarding – Unterkünfte mit Baby

Reisen mit Babys funktioniert grundsätzlich bei fast allen
Unterkunftsarten. Hierbei sind manche jedoch weniger
geeignet als sie es noch im kinderlosen Urlaub waren.
Wer früher gerne Urlaub in Luxushotels, all-inclusive und
ggf. sogar in Anlagen „nur für Erwachsene" (adults only)
gemacht hat, wird sich umstellen müssen. Aber auch passionierte Rucksackreisende, die früher bewusst ziellos
durch die Gegend reisten und in Hostels wohnten, müssen sich wahrscheinlich ein Stück weit verändern.

Art der Unterkunft: Hier gibt es zahlreiche Möglichkeiten. Unsere bevorzugte Art der Unterkunft war und ist
das Apartment, sei es in einer kommerzielleren kleineren
Anlage oder über private Anbieter. Letztere nutzen inzwischen immer häufiger populäre Plattformen wie Airbnb,
Wimdu oder aber Portale, die regional ausgerichtet sind
(gomera.de, casa-conil.com, etc.). Ein Apartment oder
auch ein Ferienhaus bietet den Vorteil, dass man sich
dank einer Küche selbst versorgen, kochen und seinen
eigenen Rhythmus festlegen kann. Bei größeren Apartments hat man zudem mehr Raum als im Hotel und kann
sich Rückzugräume schaffen, z.B. wenn abends oder
tagsüber das Baby schläft oder einer der Eltern mal seine
Ruhe braucht. Im Hotelzimmer muss man hingegen
abends ggf. das Licht ausmachen sobald der Nachwuchs
eingeschlafen ist. Dafür muss man nicht für das Frühstück einkaufen und dieses zubereiten. Aparthotels stellen

einen guten Kompromiss dar, da man sowohl eine Küche hat und optional zum Frühstücksbuffet gehen kann. Je länger man an einem Ort bleibt, desto wichtiger wird die Möglichkeit der Selbstversorgung, da man in der Regel täglich Brei zubereiten muss und einen Kühlschrank braucht. Zudem kann es kostspielig und anstrengend werden, drei Mal täglich mit Baby auswärts essen zu gehen. Bei kürzeren Aufenthalten bietet sich aber durchaus auch mal ein Hotel an.

Eine inzwischen populäre Reiseform mit Baby ist das Wohnmobil oder der VW-Bus. Hierbei kann man sich selbst versorgen und maximal frei fühlen, was die Zeit-, Routen- und Reiseplanung anbelangt. Dafür ist man innerhalb seiner „eigenen vier Wände" räumlich eingeschränkter als im Apartment. Dies kann in kühleren Gegenden eine Herausforderung sein, wenn man abends, sobald der Nachwuchs schläft, draußen auf dem Campingplatz bzw. vor dem Mobil sitzen möchte. Viele Bekannte von uns sind mit Baby und Wohnmobil in der Vor- und Nachsaison (Mai, Juni, September, Oktober) in Richtung Frankreich, Spanien, Portugal oder auch Italien, Kroatien und den weiteren Balkan aufgebrochen – und waren ausnahmslos begeistert. Alternativ kann man auch mit dem PKW reisen und klassisch zelten gehen. Hierbei gilt es noch mehr zu beachten, dass man in klimatisch geeignete Gegenden fährt, die tagsüber nicht zu heiß und nachts nicht zu kalt werden. Zudem ist es aufwendiger zu kochen oder Nahrungsmittel frisch zu halten. Unter den richtigen Voraussetzungen kann das Zelten mit Baby also eine schöne Erfahrung für naturverbundene und freiheitsliebende junge Eltern sein. Zudem ist es deutlich günstiger als ein Wohnmobil zu kaufen oder zu leihen. Und bei schlechtem Wetter kann man entweder weiterfahren oder auch mal zwischendurch ein paar Tage eine Wohnung oder ein Hotel nehmen.

In einigen Jugendherbergen gibt es Familienzimmer. Klassische Hostels sind bei Reisen mit Baby hingegen nur bedingt zu empfehlen, da die meisten kinderlosen Gäste einen anderen Rhythmus pflegen. Da bietet es sich schon eher an, auf einer Reise bei Freunden und Bekannten zu übernachten. Je besser man sich kennt und je ähnlicher die Lebensphasen sind, desto kompatibler ist eine solche Konstellation. Man kann auch gut mit befreundeten Eltern ein größeres Ferienhaus mieten. Natürlich können die Babys verschiedene Rhythmen haben und sich und die Eltern gegenseitig wach halten. Daher sind auch zwei Apartments in einer kleinen Ferienanlage sehr zu empfehlen.

Ausstattung der Unterkunft: Bei Apartments ist es vorteilhaft, wenn Wohn- und Schlafbereich getrennt sind, diese also mindestens über zwei Zimmer verfügen. Balkone und Terrassen bieten neben einer hoffentlich guten Aussicht die Möglichkeit, sich in die Sonne zu legen, wenn der Nachwuchs drinnen schläft oder im Schatten spielt. Bei Apartmentanlagen, die über einen Pool oder Gartenbereich verfügen, sind Parterrewohnungen eine gute Idee. Bei Terrassen oder Balkonen ist darauf zu achten, ob man morgens, mittags oder abends bzw. überhaupt Sonne hat. Bei Westausrichtung kann man bereits morgens in der Sonne frühstücken. Und die Frage nach dem Ausschlafen stellt sich mit Baby ohnehin nicht mehr. In Bezug auf die Nachtruhe haben große Doppelbetten den Vorteil, dass Babys bei Bedarf einfacher zwischen den Eltern schlafen können als bei Einzelbetten. Oft haben wir die Betten umgestellt und an die Wand geschoben. Die mit Abstand wichtigsten Utensilien sind ein Babybett und, ab einem gewissen Alter, ein Babystuhl. Viele

Hotels und Apartmentanlagen bieten diese kostenlos an. Man sollte den entsprechenden Bedarf bei Buchung unbedingt vermerken bzw. bei Privatunterkünften vorher anfragen. Auch wenn Kinder bis zwei oder drei Jahre zumeist ohne Zuzahlung übernachten, sollte man diese übrigens immer bei Buchung mit anmelden bzw. ankündigen, da man in diesem Fall oft familiengeeignete Zimmer erhält.

Lage der Unterkunft: Es empfehlen sich ruhige Unterkünfte, welche nicht direkt neben einer Diskothek, einem betriebsamen Restaurant oder einer stark frequentierten Straße oder Fußgängerzone liegen. Strandnahe Unterkünfte bieten den Vorteil, dass man nicht ständig das Auto packen muss und bei Bedarf schnell zurück in der Wohnung ist. Ein weiterer Aspekt bei der Lage der Unterkunft kann der Zugang zur lokalen Infrastruktur sein. (Supermarkt, Restaurants, Bäckereien, Apotheke, Kinderärzte, usw.).

Weitere Kriterien Wahl der Unterkunft: Bei der Auswahl von Unterkünften, sei es im Pauschalarrangement oder individueller Buchung, sollte man immer die Bewertungen anderer Reisender lesen. Hier bietet es sich an, mehrere Portale (z.B. tripadvisor, holidaycheck, etc.) zu konsultieren. Tipp: besonders die schlechteren Bewertungen genauer anschauen und danach überlegen, ob die Kritikpunkte für einen relevant sind.

Wenn man ein genaueres Bild über die Unterkünfte erhalten möchte, ist es hilfreich nicht nur die Hochglanzphotos der Anbieter, sondern auch die anderer Gäste anzuschauen. Dies kann sehr hilfreich sein, wenn der Anbieter keine Photos bereitstellt oder ausgewählte Teile der Unterkunft nicht bebildert werden, z.B. Bäder und Schlafzimmer. Bei privaten Unterkünften kann man die Vermieter natürlich auch bitten, weitere Bilder per Email zu schicken. Wenn die genaue Lage der Unterkunft nicht ersichtlich wird, sollte man sich im Vorfeld die Adresse nennen lassen und danach im Internet anschauen (z.B. über googlemaps). Weitere wichtige Aspekte bei Buchung von Unterkünften sind, neben eventuellen Neben- und Reinigungskosten, die Stornierungs- und Zahlungsbedingungen. Wenn bei Nichtanreise und kurzfristiger Stornierung hohe Kosten anfallen, macht es Sinn, eine Reiserücktrittsversicherung abzuschließen. Diese kann man mit einer Reiseabbruchversicherung kombinieren. Letztere springt ein, wenn Reisen aus bestimmten Gründen frühzeitig beendet werden müssen. Der Vorteil solcher Versicherungen ist auch, dass man grundsätzlich die günstigeren, nichtstornierungsfähigen Unterkunftstarife buchen kann, da man im Zweifelsfall finanziell abgesichert ist.

Wenn man seine Unterkunft im Rahmen einer Pauschalreise bucht, sollten die inkludierten Leistungen genauestens studiert werden. Um die Kosten von Pauschalreisen zu senken, werden manchmal Transferkosten vor Ort (Fähren, Bus, etc.) separat fällig.

Empfohlene Unterkünfte: Alle hier aufgeführten Unterkünfte haben wir persönlich mit Baby getestet. Und im Nachhinein für gut und babytauglich befunden. Hierbei ist zu berücksichtigen, dass Empfehlungen immer subjektiv und abhängig von den konkreten Vorstellungen und Ansprüchen sind. Nicht aufgeführt sind private Unterkünfte, die wir über Portale wie z.B. Airbnb gebucht haben, da diese ggf. nicht dauerhaft angeboten werden und sich die Qualität schnell ändern kann. Die Preise der Hotels und Apartments stammen vom Vorjahr.

LA GOMERA, VALLE GRAN REY

Apartamentos „Jardin del Conde"
Lage: In der Mitte des Valle Gran Rey, direkt am Charco
del Conde (Babybeach) in der kleinen Ortschaft La Puntilla. Man kommt fußläufig in alle anderen Ortsteile,
braucht also keinen Mietwagen. Minimarkt, Eisdiele, net-
tes Café und gutes Restaurant direkt vor der Haustür,
trotzdem ruhig. Beliebt bei jungen Familien, Wanderern
und Ruhesuchenden.

Ausstattung: Alle 74 Apartments haben einen großen
Wohnraum mit amerikanischer Küche (einfachste Ausstattung) und Schlafcouch, ein separates Schlafzimmer,
ein Bad mit Wanne sowie Balkon oder Terrasse. Bele-
gung mit bis zu zwei Erwachsenen und zwei Kleinkindern möglich. Mit Baby oder Kleinkind sind die unten-
liegenden Apartments vorteilhaft, da direkter Zugang
zum schönen Poolbereich und Garten gegeben ist. Babybett und Kinderstuhl sind auf Anfrage erhältlich. Die
Apartments sind kein Luxus, aber sauber und aufgrund
ihrer Größe und Lage sehr für junge Familien zu empfehlen. Frühstück kann man hinzubuchen – dies sollte man
ggf. zunächst testen und danach entscheiden, ob man sich
das Geld sparen und lieber draußen auf der eigenen Terrasse oder auch mal auswärts frühstücken möchte.

Preisklasse: Unteres bis mittleres Preisniveau, bei Buchung über bekannte Buchungsportale ca. 60-70 EUR pro
Nacht (ohne Frühstück), in der Weihnachtszeit etwas teurer.

Weitere Infos / Webseite / Buchung: Das Hotel verfügt
über eine Webseite auf Spanisch, Englisch und Deutsch
(www.jardindelconde.com). Buchungen können jedoch
einfacher über Portale wie booking.com oder expedia.de

vorgenommen werden, zumal diese zumeist kostenlose Stornierungen erlauben. Das Hotel kann auch pauschal über Reiseanbieter im Paket gebucht werden – hierbei müssen jedoch oft die Kosten für den Transfer ab dem Flughafen Teneriffa Süd separat bezahlt werden.

TENERIFFA, EL MEDANO

Hotel El Medano
Lage: Direkt am Strand des Surfermekkas von El Medano und mitten im Ortskern am zentralen Platz, der abends in der Regel ruhig ist. Das Hotel ist „in das Meer hineingebaut". Von der großen Gemeinschaftsterrasse, welche wie ein Schiffsdeck wirkt, führen Leitern direkt ins Meer. Der Ort El Medano liegt in unmittelbarer Nähe zum Flughafen Teneriffa Süd und ist daher gut für den Anfang oder das Ende einer Reise geeignet. Wahrzeichen des Ortes ist der Montana Roja, der rote Berg, eine karge Dünenlandschaft, die zum Wandern einlädt. Im Gegensatz zu anderen Orten gibt es hier kaum Fluglärm. Der Ort kann sehr windig werden.

Ausstattung: Das Hotel ist schon älter, die meisten Zimmer mit Meerblick wurden jedoch vor kurzem renoviert. Highlight sind die erstklassige Lage und die Aussicht. Das Frühstück und andere Mahlzeiten werden in einem Raum in der ersten Etage eingenommen. Wer möchte kann sein Frühstück auf die ein Stockwerk tiefer gelegene Terrasse mitnehmen (etwas umständlich). Die Zimmer sind ordentlich ausgestattet, nicht sehr groß und bieten wie die meisten Hotels keine Rückzugsmöglichkeit, außer ggf. auf dem Balkon. Babybett auf Anfrage erhältlich.

Preisklasse: Mittlere Preisklasse, ca. 80-100 EUR bei direkter Buchung.

Weitere Infos/Webseite/Buchung: Das Hotel verfügt über eine Webseite auf Spanisch, Englisch und Deutsch (www.medano.es). Bei Reservierungen über Online-Portale kann man leider nur mit Halbpension buchen. Da es im Ort selbst gute Tapasbars und andere nette Restaurants gibt sollte man direkt über die hoteleigene Webseite reservieren. Auf diesem Weg können Zimmer nur mit Frühstück gebucht werden.

ANDALUSIEN, CABO DE GATA

Apartahotel Vistamar San José
Lage: Das Aparthotel mit drei spanischen Sternen liegt im touristisch gut erschlossenen und attraktiven Ort San José, der eine ordentliche Infrastruktur mit Banken, Supermärkten, Cafés und Restaurants bietet. Dennoch wirkt San José außerhalb der Hochsaison (Ostern, Juli, August) nie überlaufen, im Winter sogar regelrecht verlassen. Die mittelgroße Apartmentanlage mit 36 Einheiten liegt auf der ruhigeren Seite der Bucht. Zum Ortszentrum mit Bäcker, Supermarkt und Hauptstrand läuft man 10-15 Minuten. Eine kleine Badebucht ist zwei Minuten zu Fuß entfernt.

Ausstattung: Apartments verschiedener Größe mit einem oder mehreren Schlafzimmern, komplett ausgestatteter Küche, Waschmaschine, täglicher Reinigung und Bad. Die fantastischen Ausblicke von den Terrassen der Apartments entschädigen für die nicht mehr ganz neue, aber saubere und ordentliche Ausstattung. Kostenlose Parkplätze vor der Türe und in der hauseigenen Garage; Pool; Aircondition; Café/Taverne (nicht ganzjährig geöffnet).

Preisklasse: Mittlere bis höhere Preisklasse, ca. 70-120 EUR, je nach Apartmenttyp und Saison. In der Vor- und

Nebensaison teilweise erheblich günstiger. Günstige Monate für einen Besuch sind Mai, Juni, September und Oktober.

Weitere Infos/Webseite/Buchung: Die Webseite ist zumeist auf Spanisch (vistamarsanjose.com). Details und Buchung über Buchungsportale wie z.b. booking.com.

ANDALUSIEN, CONIL DE LA FRONTERA

Apartamentos Piedramar
Lage: Die schöne, saubere und gepflegte Apartmentanlage liegt in Fuente de Gallo, einer kleinen Ferienhaussiedlung am Rande von Conil. Von der Anlage gelangt man in ca. fünf Minuten zu einem Minimarkt mit Restaurant sowie zum Strand mit Chiringuito. Über den Strand erreicht man bei Ebbe entlang der spektakulären Steilküste zu Fuß das weiße Städtchen Conil in ca. 20-30 Minuten. Der alternative Fußweg über die Straße ist weniger attraktiv und nicht viel kürzer. Es gibt einen Pendelbus der 4-5 Mal täglich für einen Euro von Fuente de Gallo nach Conil fährt.

Ausstattung: Schöne, noch relativ neue Anlage mit tollem Salzwasserpool und kleinem Jacuzzi. Alle Apartments haben ein separates Schlafzimmer, einen Wohnraum mit Küchenzeile, eine windgeschützte Terrasse (unten) und ein Bad mit großer Dusche. Schöne Außenanlagen; kostenlose Parkplätze in der hauseigenen Garage.

Preisklasse: Mittlere Preisklasse mit gutem Preis-Leistungsverhältnis, welches auch durch seine Lage etwas außerhalb von Conil bedingt ist. Pro Übernachtung ca. 70-80 Euro.

Weitere Infos/Webseite/Buchung: Es gibt eine eigene Webseite, über welche direkt gebucht werden kann (www.piedramar.es). Alternativ ist eine Buchung über die bekannten Buchungsportale, die oft gewisse Kontingente vorhalten, möglich.

Patio Andaluz

Lage: Für Strandliebhaber allererste Wahl und wahrscheinlich einmalig in Conil, wenn nicht an der gesamten Costa de Luz. Acht Apartments liegen direkt am Strand, vier davon unten, vier oben. Wir haben diese besichtigt und sofort für unsere nächste Reise gebucht. Die Apartments in Parterre führen von der eigenen Terrasse direkt an den langen und breiten Strand von Conil. Die privaten Unterkünfte liegen am Strandabschnitt Playa de la Fontanilla, neben dem Restaurant Francisco. Man gelangt in gut zehn Minuten über den Strand in das Zentrum von Conil. Kleinere Geschäfte und Chiringuitos findet man in unmittelbarer Nähe.

Ausstattung: Einfache bis mittlere Ausstattung; kein Luxus, aber ordentlich und sauber. Hinter und zwischen den Apartments liegt ein typisch andalusischer Hof (Patio), der zum Haus gehört und eine schöne Atmosphäre ausstrahlt. Die Apartments haben ein Wohn- und Esszimmer mit Küche sowie ein oder zwei Schlafzimmer, Bad und Terrassen (unten) oder Balkone (oben), die atemberaubende Meerblicke bieten.

Preisklasse: Mittlere bis gehobene Preisklasse, je nach Saison 80-125 Euro pro Nacht. Natürlich bezahlt man auch für die einzigartige Lage in Conil. Teuer sind vor allem die Monate Juli und August, daher bieten sich die Vor- und Nebensaison unter finanziellen, mit Baby aber auch unter klimatischen Gesichtspunkten an.

Weitere Infos/Webseite/Buchung: Buchungen nur direkt über die lokalen Vermieter per Email oder Kontaktformular. Kontaktaufnahme am besten auf Spanisch, aber auch auf Englisch möglich. Es muss eine Anzahlung per Banküberweisung geleistet werden. Die besten Zimmer sind oft lange im Vorfeld ausgebucht. Weitere Informationen über die folgenden, etwas umständlichen, Webseiten: www.apartamentospatioandaluz.com und www.elpatioandaluz.com. Achtung: Bei der Suche in Google gibt es bei „Patio Andaluz" auch Treffer zu anderen Unterkünften.

ANDALUSIEN, GRANADA

Hotel Macià Real de la Alhambra
Lage: Circa drei Kilometer vom Zentrum Granadas entfernt und in einem ruhigen Wohnviertel gelegen, welches nahe der Autobahn liegt. Lokale Busse halten vor dem Hotel und fahren innerhalb von gut 10 Minuten in die Innenstadt. Ein nicht zu unterschätzender Vorteil, da schon einige Reisende an den vielen Einbahnstraßen (und hohen Parkgebühren) Granadas verzweifelt sind.

Ausstattung: Das große Vier-Sterne-Hotel der Hotelgruppe Macia wirkt von außen etwas klobig, überrascht aber im Innenbereich. Moderne Hotelzimmer mit schönen Bädern, teilweise mit Balkon und eigenen Liegestühlen. Saisonaler Außenpool, Bar, Restaurant und arabische Bäder (gegen Aufpreis). Privatparkplätze in der hoteleigenen Tiefgarage kostenpflichtig; es sind jedoch genügend kostenfreie Parkplätze in der Nachbarschaft zu finden. Babybett auf Anfrage. Kinderstuhl beim Frühstück erhältlich.

Preisklasse: Sehr gutes Preis-Leistungs-Verhältnis. Ab 65 Euro pro Nacht im Doppelzimmer (ohne Balkon) inklusive Frühstück.

Weitere Infos / Webseite / Buchung: Günstigste Preise bei Buchung über Buchungsportale wie booking.com, die zudem noch bis kurz vor Anreise kostenlos storniert werden können. Weitere Infos und Buchung auch über die Webseite der Hotelgruppe: www.maciahoteles.com

OLVERA, ANDALUSIEN

Tugasa Hotel Sierra y Cal
Lage: Das rustikale Zwei-Sterne-Hotel Sierra y Cal liegt im ruhigen Städtchen Olvera an der Ruta de los Pueblos Blancos – der Straße der weißen Dörfer – in Andalusien. Die schöne Umgebung eignet sich gut zum Wandern oder Erkundungen des ursprünglichen Andalusiens mit dem Auto. Bis nach Ronda sind es 30 Minuten, bis nach Cadiz eine Stunde.

Ausstattung: Die Zimmer inklusive des bereitgestellten Babybettes sind mit massiven Holzmöbeln ausgestattet. Die meisten Unterkünfte verfügen über einen Balkon mit Blick auf die Burg von Olvera. Im Innenhof gibt es eine Terrasse mit Pool und Liegen. Das Restaurant bietet typisch regionale Küche, morgens gibt es einfaches Frühstück.

Preisklasse: Untere bis mittlere Preisklasse, wobei das Tugasa Hotel zu den besten Hotels des kleinen charmanten Städtchen gehört. 50-60 Euro pro Nacht inklusive Frühstück.

Weitere Infos / Webseite / Buchung: Auch hier am einfachsten über Buchungsportale reservieren. Sonderwünsche oder telefonische Anfragen am besten auf Spanisch. Das Personal ist auf ausländische Touristen eingestellt und versteht recht gut Englisch. Weitere Auskünfte auf der Webseite der Tugasa Gruppe für Hotels und Landhäuser: www.tugasa.com/hotel13_1php

Vorbereitungen und Packliste

Wenn der Transport organisiert, das Reiseziel oder zumindest die Reiserichtung festgelegt und Unterkünfte gebucht sind, kann es an die letzten Vorbereitungen und das Packen gehen. Hierzu sollte man sich mehr Zeit nehmen als früher, da es mit „Reisepass, Zahnbürste und was sonst noch alles in Koffer oder Rucksack passt" nicht mehr getan ist.

Vorbereitungen

- Wartung / Sicherheits-Check Fahrzeug (bei Reisen mit dem Auto, Wohnmobil, etc.)
- Informationen über Transportmöglichkeiten vor Ort einholen (bei Reisen mit dem Flugzeug und / oder öffentlichen Verkehrsmitteln)
- Reiseführer besorgen, Informationen über den Zielort recherchieren
- Reiserücktritt-/Reiseabbruchversicherung abschließen. Bei mehreren oder längeren Reisen lohnt zumeist eine Jahres-Police.
- Auslandskrankenversicherung abschließen bzw. Baby in bestehende Versicherung aufnehmen lassen.
- Versicherungsunterlagen ausdrucken
- Kinderausweis bei der Stadt beantragen und abholen, Reisepässe der Eltern auf Gültigkeit überprüfen, ggf. erneuern lassen
- Baby impfen, Impfplan mit der Kinderärztin durchsprechen

- Ggf. Kinderärzte und Kinderkrankenhäuser an den Zielorten recherchieren
- Babygerechte Kleidung kaufen, ggf. Schwimmwindeln besorgen
- Flugtickets, Hotelgutscheine, Mietwagen-Voucher ausdrucken
- Flugzeugtasche packen (Wasser, Babynahrung, Spielsachen, Wickeltasche, Babyapotheke, etc.)
- Fahrzeug tanken und packen bzw. Transfer zum Flughafen organisieren

Packliste

Die folgende Auflistung bezieht sich auf zusätzliche Utensilien, die man bei Reisen mit Babys benötigt. Die genaue Ausrichtung ist stark von Zielort, Klima und geplanten Aktivitäten abhängig. Daher erhebt die Packliste keinen Anspruch auf Vollständigkeit.

- Kinderausweis / Reisepass
- Impfausweis Baby
- Krankenversicherungskarte (Inland, Ausland)
- Kinderwagen, inklusive Regenschutz, Sonnensegel und Moskitonetz
- Maxi-Cosi – wird auch bei Taxifahrten oder kurzen Transfers benötigt!
- Maxi-Cosi-Adapter für den Kinderwagen – so kann ggf. die Babyschale zuhause bleiben, Sondergepäck und Platz gespart werden.
- Babybett oder Babyzelt – letzteres ist viel leichter und platzsparend
- Babytrage (Manduca/Babybjörn, Wickeltuch)
- Windeln, Feuchttücher und ggf. Einmalwaschlappen für die ersten Tage
- Babycreme

- Spielsachen, Spielsachen, Spielsachen!
- Spucktücher für jüngere Babys
- Wechselkleidung fürs Flugzeug
- Baby- und Getreidebrei für die ersten Tage
- Pürierstab, um lokales Obst und Gemüse zu Brei zu verarbeiten
- Mineralische Sonnencreme für Babys
- Kuscheltiere
- Baby-Schlafsack
- Kinderzahnbürste
- Beißring für die ersten Zähne
- Trinkflasche
- Steckdosenschutz
- Babydecke für Flugzeug und unterwegs
- Fotoapparat für die unzähligen Schnappschüsse unterwegs

Babyapotheke

Bei der Babyapotheke handelt es sich um die Grundausstattung, welche Kinderärzte für gesunde Kinder empfehlen, welche mit ihren Eltern auf Reisen gehen. Bei Reisen in entfernte, tropische Länder sollten ggf. weitere Vorsorgepräparate gekauft und Impfungen vorgenommen werden. In jeden Fall ist der Kinderarzt zu konsultieren.

- Nasentropfen gegen trockenen Hals und Ohrenschmerzen
- Fieber-/Schmerzzäpfchen
- Mittel gegen Übelkeit und Erbrechen
- Elektrolyte
- Vitamintabletten (D-Fluoretten)
- Zahnungshilfe (Dentinox, etc.)
- Fieberthermometer

Das liebe Geld – Reisekosten

Finanzierung und Kosten

Seien wir ehrlich: Zeitmillionär wird man nicht ohne finanziellen Aufwand. Wenn man als Familie verreisen möchte und beide Eltern vor Geburt berufstätig waren, fallen in dieser Zeit im Zweifel zwei Einkommen aus. Das Elterngeld fängt die Einkommenseinbußen aber immerhin teilweise auf. Folgende Überlegungen zur Finanzierung sollten in Erwägung gezogen werden, wenn es darum geht, sich eine möglichst lange Reise als Familie zu gönnen. Zur groben Orientierung werden abschließend die Kosten der im Buch beschriebenen Reisen systematisch aufgelistet.

Für die Elternzeit auf Reisen sparen: Wenn man frühzeitig eine Vorstellung seiner Reisen in der Elternzeit hat, kann man systematisch daraufhin sparen, auch schon während der Schwangerschaft. Natürlich fallen zunächst weitere Kosten für Anschaffungen wie Kinderwagen, Wickelkommode, Babykleidung, Maxi-Cosi, etc. an. Hier kann man vieles gebraucht in gutem Zustand kaufen und von Freunden und Bekannten leihen. Oder sich von den Eltern und zukünftigen Großeltern schenken lassen. Andererseits fallen Ausgaben weg, da man in der Regel seltener ausgeht, Restaurants aufsucht oder ins Kino geht. Gegen Ende der Schwangerschaft unternimmt man zumeist auch keine größeren, kostspieligen Reisen mehr. Wenn man genau wissen will, wie viel gemeinsame Elternzeit auf Reisen man sich leisten kann, sollte man frühzeitig einen Finanzplan aufstellen, Einnahmen, Erspartes und Ausgaben gegenüberstellen.

Fixkosten senken: Gewisse Ausgaben fallen regelmäßig jeden Monat an. Diese sollte man auflisten und daraufhin überprüfen, wo (zeitweise) Einsparpotential besteht. Der größte Posten ist in der Regel die Miete oder die Bedienung eines Hauskredits. Wer möchte und sich dabei wohl fühlt, kann Haus oder Wohnung während seiner Reisen untervermieten. Viele möchten jedoch ihre eigenen vier Wände verständlicherweise nicht Fremdem überlassen. Daher sollte man ggf. versuchen, die Wohnung an Freunde, Bekannte, Kollegen oder den erweiterten Familienkreis zu vermieten. Auch wenn man z.B. nur die Hälfte der normalen Miete erhält, kommt bei einer mehrmonatigen Reise ein hübsches Sümmchen zusammen. Und zudem ist die Wohnung auch noch „bewacht" und in guten Händen. Auch bei anderen Fixkosten gibt es Einsparpotential: Versicherungen können gekündigt oder zeitweise ausgesetzt, PKWs abgemeldet und Handyverträge gekündigt oder reduziert werden.

Wahl des Reiseziels: Entscheidenden Einfluss auf die Kosten hat natürlich das Reiseziel. Dies gilt zum einen in Bezug auf die Kosten der Anreise, zum anderen aber auch in Bezug auf die Kosten der Unterkunft, des lokalen Transports und des täglichen Bedarfs. So mag die Anreise nach Skandinavien mit dem Auto von Norddeutschland günstig sein, die Kosten für Unterkünfte und Verpflegung das Budget doch deutlich mehr strapazieren als in Süd- und Osteuropa oder anderswo. Die hohen Flugkosten nach Asien, Australien oder Amerika, schrecken viele – neben der Sorge um die ärztliche Versorgung und dem Jetlag – von Fernreisen mit Baby ab. Wenn man nur lange genug reist, können sich die Flugkosten jedoch schnell amortisieren. Ein Flug nach Thailand mag teuer sein, aber die Unterkünfte und der Transport vor Ort dafür deutlich günstiger. Und an vielen Fernreisezielen gibt es heutzutage eine bessere ärztliche Versorgung als früher.

Günstige Reisezeiten: Man sollte seine Elternzeit auf Reisen möglichst so planen, dass man in der Neben- oder Zwischensaison unterwegs sein kann. Flüge und Unterkünfte sind außerhalb der Schulferien deutlich günstiger. Und die Reiseziele zudem weniger überlaufen. Bei südeuropäischen Zielen herrschen oft auch bessere klimatische Bedingungen. Eine Reise nach Andalusien im August ist teuer und vor Ort ist es viel zu heiß – zumindest für die meisten Babys. Im Mai, Juni, September und Oktober ist es dagegen angenehm warm und nicht zu heiß. Ideal für die junge Familie. Aber auch in der deutschen Hochsaison findet man günstige Reiseziele, an welchen ggf. Nebensaison herrscht. Hierfür muss man aber in der Regel länger und kostspieliger in den Flieger steigen.

Langsam Reisen: Wer seinen „alten" Reisestil mit Baby einfach fortsetzen und möglichst viele Highlights in kürzester Zeit abhaken will, wird schnell an seine Grenzen stoßen – nervlich und vielleicht auch finanziell. Alle zwei Tage den Ort zu wechseln und in Hotels zu übernachten ist deutlich teurer als sich langsam fortzubewegen und selbst zu versorgen. Zudem ist es eine logistische Herausforderung, ständig mit Baby essen zu gehen und Brei warm machen zu lassen.
Eine gute Idee ist, ein Haus oder Apartment direkt für einen Monat oder länger zu mieten. Dort kann man seine Basis aufschlagen und bei Bedarf und guter Laune des kleinen Travellers Tagesausflüge unternehmen. Eine inzwischen beliebte Möglichkeit für langsames Reisen ist das bereits zuvor erwähnte Wohnmobil oder der Campingbus. Man fährt immer dann weiter, wenn man Lust und Laune hat. Und kann zudem in einigen Ländern zwischendurch „wild" campen bzw. sich einen kostenlosen Stellplatz suchen.

Wer länger an einem Ort bleibt, kann bei Bedarf nur tageweise einen Mietwagen nehmen. Oder ausschließlich mit öffentlichen Verkehrsmitteln reisen, wenn man nicht mit dem Auto unterwegs bzw. darauf angewiesen ist. Wenn man länger an einem Ort weilt, lernt man Land und Leute besser kennen. Und weiß nach einiger Zeit, wo es gute und günstige Einkaufsmöglichkeiten, Restaurants und nette Plätze gibt. Grundsätzlich gilt also: wer es nicht eilig hat und seine Reisen in der Elternzeit langsam angehen lässt, spart Nerven und Transportkosten. Und hat wahrscheinlich bleibendere Eindrücke.

Kostenbeispiele: Die folgenden Übersichten geben eine Orientierung in Bezug auf die ungefähren Kosten unserer drei im Buch beschriebenen Reisen.

Ein Monat Rundreise Kanarische Inseln:

Transfer Flughafen Köln
(Taxi, hin und zurück)..................................€ 60
Flug Köln-Teneriffa (2 Erwachsene
1 Baby, hin und zurück):............................€ 420
Mietwagen Teneriffa
(10 Tage, Kompaktklasse):..........................€ 241
Fähre Teneriffa – La Gomera (2 Erw.,
1 Baby, hin und zurück):.............................€ 146
Taxi San Sebastian – Valle Gran Rey
(hin und zurück): ....€ 120
Mietwagen Valle Gran Rey
(1 Tag, Kleinwagen): ....€ 30
Apartment Teneriffa,
Airbnb (10 Tage à € 74):.............................€ 740
Apartment Valle Gran Rey,
booking.com (14 Tage à € 63):....................€ 882
Apartment El Medano, booking.com
(3 Tage à € 77):...€ 231

Tagesbudget Lebensmittel/Restaurants
(27 Tage à € 40)... € 1.080
Gesamt:.. € 3.950

Drei Wochen Rundreise Mietwagen Andalusien:

Flug Köln – Malaga, Jerez – Köln
(2 Erw., 1 Baby, hin u. zurück):............................... € 435
Mietwagen (2 Wo., Kompaktklasse):......................... € 365
Flughafentransfer Malaga, Taxi................................. € 30
Apartment Malaga, Airbnb
(3 Tage à € 65):.. € 195
Apartment Cabo de Gata, booking.com
(5 Tage à € 77):.. € 385
Hotel Granada, booking.com
(2 Tage á € 65)... € 130
Hotel Olvera, booking.com
(1 Tag á € 50) .... € 50
Apartment Conil, booking.com
(10 Tage à € 70):... € 700
Tagesbudget Lebensmittel/Restaurants
(21 Tage à € 40).. € 840
Gesamt:.. € 3.130

Ein Monat Barcelona und Katalonien:

Flug Köln – Barcelona
(2 Erwachsene, 1 Baby, hin u. zurück): .... € 450
Flughafentransfer Barcelona,
Taxi (zurück) .... € 35
Privates Apartment (3 Wochen):............................... € 500
Ferienhaus, mit Freunden
(5 Tage à € 45 je Partei): .... € 225
Tagesbudget Lebensmittel/Restaurants
(26 Tage à € 40).. € 1.040
Gesamt:.. € 2.250

Bei vorgenannten Kosten ist zu beachten, dass nicht unbedingt die gesamten Beträge anzusparen sind, da ja auch zu Hause Ausgaben anfallen, die man ins Ausland „mitnimmt" (v.a. Ausgaben für den täglichen Bedarf, ggf. Miete). Es müssen also nur die zusätzlichen Kosten aufgebracht werden. Diese sind natürlich nicht unerheblich. Aber die gemeinsamen Reisen in der Elternzeit und der Luxus eine besondere Zeit zu dritt verbringen zu dürfen, sind ohnehin unbezahlbar.

Manuskripte gesucht
Sachbuch, Reise, Biographien, Belletristik
Alles, was bewegt …
interconnections-verlag.de

**Fit für Spanien – Alltags-
frust und Lebenslust**

Ratgeber zur Landeskunde
und den Spaniern.

Urlaub gut vorbereitet.
Hier ist der Schlüssel zum
Verständnis zur Mentalität
der Menschen

ISBN
978-3-86040-205-4
€ 15,90

Südseetraum Samoa

Eine Reise zwischen Tradi-
tion und Moderne

Eine liebenswerter Schilde-
rung des Lebens und der
Menscher in dieser ehema-
ligen deutschen Kolonie.

ISBN
978-3-86040-197-2
€ 15,90

www.interconnections-verlag.de